Adolf Fuchs
Damit die Liebe
euch beide trägt

Adolf Fuchs

Damit die Liebe euch beide trägt

Erfahrungen und Anregungen
für Ehepaare

Kanisius Verlag

Die Deutsche Bibliothek –
CIP-Einheitsaufnahme

Fuchs, Adolf:
Damit die Liebe euch beide trägt : Erfahrungen und Anregungen für Ehepaare / Adolf Fuchs. – Freiburg (Schweiz) : Kanisius-Verl. ; Konstanz : Kanisiuswerk, 1994
ISBN 3-85764-405-2

Umschlagbild:
Jozefina Horáčková, Bratislava

Illustrationen:
S. 11: Archiv Kanisius Verlag
S. 35: PRESSE-BILD-POSS
S. 59 und 75: vom Autor zur Verfügung gestellt

ISBN 3 85764 405 2

Auslieferung:
Kanisius Verlag, Postfach 1052, CH-1701 Freiburg
Kanisiuswerk, Blarerstr. 18, D-78462 Konstanz

Druck:
Kanisiusdruckerei, Freiburg Schweiz

Inhalt

Ein Wort zuvor

Es sind verschiedene Gründe,

welche mich dazu bewegen, meine persönlichen Gedanken zur ehelichen LIEBE zu veröffentlichen. Als ich anfing, in meiner ehemaligen Pfarrei im Rahmen der Erwachsenenbildung über die Ehe zu sprechen, fing der Stein zu rollen an. Unzählige Pfarreien im Bistum Basel interessierten sich ebenfalls für diese Art von Ehe-Weiterbildung, und so kam es denn, dass ich in den vergangenen zehn Jahren mehreren tausend Ehepaaren begegnen durfte. Dabei spürte ich immer stärker einen regelrechten Durst nach dem «Liebesgetränk» und enorm viel guten Willen, etwas zu unternehmen, damit die Liebe nicht stirbt. Oftmals wurde ich auch gebeten, die Ehevorträge schriftlich niederzulegen, um noch mehr Menschen helfen zu können. Endlich finde ich dazu die nötige Zeit. Doch den entscheidenden Anstoss gab mir der Kanisius Verlag mit dem liebenswürdigen Stupf: «Auf den 70. Geburtstag erwarten wir gerne Ihr fünftes Büchlein!»
Dazu kommt, dass die Ehe im Zeitalter des Wohlstandes anspruchsvoller geworden ist, wandelte sie sich doch in den vergangenen 50 Jahren von der Lebens- zur Liebesgemeinschaft. Mit der höheren Lebenserwartung erfahren die

Ehen eine viel längere Lebensdauer. Währenddem früher die Scheidungsklagen sozusagen ausschliesslich von Männern eingereicht wurden, erlauben sich heute auch Frauen, auf Scheidung zu klagen. Nicht unwesentlich zur Scheidungshäufigkeit trägt auch der Umstand bei, dass im sogenannten modernen Zeitalter Freiheit mit Bindungslosigkeit verwechselt wird.
Auf jeden Fall bedrückt es mich, wenn ich Jahr für Jahr aus der Statistik entnehmen muss, dass ein Drittel aller Ehen zerbricht. Welcher Schmerz und welches Leid die Ehepartner und die davon betroffenen Scheidungswaisen heimsucht, lässt sich mit Worten nicht beschreiben! Aus meinen persönlichen Erfahrungen als Gemeindeschreiber, Grossrat und Seelsorger weiss ich aber auch um die Tausende von Ehen, in denen es offiziell nicht zur Scheidung kommt, es aber bloss noch zu einem dürftigen Nebeneinander reicht.
Das müsste nicht so sein!

Agatha Christie hat das Wort geprägt: «Das Wörtchen Ehe besteht nur aus drei Buchstaben, von denen zwei sogar gleich sind. Und trotzdem muss manches Ehepaar Jahrzehnte daran buchstabieren.» Obwohl Liebe in der Ehe zum Ernstfall wird und obwohl es «mit der Liebe ist wie mit dem Mond: Entweder nimmt er zu oder ab», wird eigentlich recht wenig in die Weiterbildung der Ehepaare investiert. Wenn wir dagegen vergleichen, was alles für die berufliche Karriere, für Fremdsprachen, für Sport und Hobbys getan wird, dann bleibt eigentlich nur noch ein Kopfschütteln. Für das Anspruchvollste und zugleich das Wichtigste im menschlichen Zusammenleben – die Liebe in der Ehe – wird wenig bis nichts zur Weiterentwicklung unternommen. So bin ich eigentlich nicht erstaunt über das enttäuschende Ergebnis. Hier liegt für mich aber auch der hauptsächlichste Grund, mich «auf die Socken zu machen» und mich als Seelsorger in den Dienst der Eheleute zu stellen.

Erfreulich war das Echo

auf meine Bemühungen. Voll beglückender Dankbarkeit kehrte ich jeweilen gegen Mitternacht von den Ehe-Abenden nach Hause zurück. Ich konnte während meinen Vorträgen sichtlich spüren, dass sich im Laufe des Abends die Freude an der Liebe neu entfachte, dass neue Einsichten und Erkenntnisse erwachten und auf dem Heimweg zu zweit miteinander neue gemeinsame Pläne geschmiedet wurden. Dieses erfreuliche Ergebnis bestätigten mir viele Teilnehmer, welche mich später zu einem Gespräch aufsuchten oder sich in einem schriftlichen Echo äusserten, z. B.:
«Ich bin froh und dankbar, dass wir wieder eine glückliche Familie sind. Ich versuche nun, mein Bestes zu geben. Wie glücklich bin ich, dass wir es geschafft haben, zusammenzubleiben.»
«Vor gut einem Jahr durften mein Mann und ich bei Ihnen den 'Chropf' leeren. Die vergangene

Krise hat uns viel gelehrt und uns zugerufen: 'Werde Mensch!' Auch die neue tiefe Beziehung zur Liebe Gottes hat uns Vertrauen und Hoffnung gebracht. Im Moment geniessen wir ein paar ruhige Tage. Nochmals herzlichen Dank für 'Ihre Liebe'. Ja, wo die Liebe ist, da ist Gott.»

«Nach Ihrem Vortrag haben wir uns amüsiert
und einige Tips grad ausprobiert.
Nach dem Rotwein, welche Pracht –
Geniessen wir die zweite Hochzeitsnacht!»

Damit die Ehe nicht stirbt,

gilt es, die Brücke der Liebe zu bauen.

Den Plan dazu gibt uns Gott, der die Liebe ist und zugleich der Schöpfer von Frau und Mann. Das Material, das wir zum Bau der Brücke brauchen, ist die Liebe in ihrer verschiedensten Ausfaltung. Und die Baumeister der Brücke, das sind die zwei, welche sich als Mann und Frau zum gemeinsamen Lebenswerk verbinden.
Aus dem Plan, den uns Gott für den Bau zur Verfügung stellt, geht hervor, dass die Brücke auf drei Pfeilern stehen muss, wenn sie ein Leben lang halten soll. Es sind dies:
1. Pfeiler: Die sinnliche Liebe: Sexualität
2. Pfeiler: Die seelische Liebe: Eros
3. Pfeiler: Die geistige Liebe: Agape.

Freiburg / Schweiz: alter Stich

Um auf verhältnismässig wenig Seiten das viele zum Ausdruck zu bringen, das zur ehelichen Liebe gesagt werden muss, beschränke ich mich auf das Wesentliche: eben auf diese drei Pfeiler.

Liebe Leserin, lieber Leser, liebe Ehepaare! Nehmen Sie dieses Büchlein vertrauensvoll in die Hand, öffnen Sie Ihr Herz meinen Gedanken und lassen Sie die geheimnisvolle Kraft der Liebe vom mottenden zum lodernden Feuer entflammen! Nehmen Sie meine Erfahrungen, die ich persönlich in der Ehe gemacht habe und die ich im Gespräch mit zahlreichen Ehepaaren erweitern durfte, als Anstoss, zu neuen Ufern aufzubrechen. Begnügen Sie sich nicht mit dem «Standard-Modell», sondern machen Sie mehr daraus! Mit jedem Schritt, den Sie dem Du näherkommen, wächst auch Ihr persönliches Glücksgefühl. Denn das wahre Glück des Menschen besteht im «Lieben und Geliebtwerden».

MEINER VERSTORBENEN GATTIN widme ich dieses kleine «Liebes-Werk». Es sind viele Gedanken darin, die ich von ihr empfangen durfte. Auf Weihnachten 1977 – es war unser letzter gemeinsamer Heiliger Abend – schrieb sie mir im Weihnachtsbrief: «Weihnachten ist die Begegnung mit dem göttlichen Kind. Kein Fest verbindet mich so mit Dir wie dieses: Weil Gott die Liebe ist und Du mein Liebster!» 29 Jahre waren wir verheiratet, waren wir gemeinsam unterwegs mit unsern drei Kindern. Durch zähe Auseinandersetzungen, unzählige Missverständnisse und einige Krisen, die es zu überwinden galt, wurde unser Ehebund nicht schwächer, sondern stärker. Dies nicht zuletzt auch deswegen, weil uns der gemeinsame Glaube stets tiefer in das grosse Geheimnis der Liebe hineinführte und weil wir unsere begrenzte menschliche Liebe in der unendlichen Liebe Gottes geborgen wussten. Beim Tod, der uns in den Sommerferien auf Kreta völlig unerwartet trennte, erfuhr ich – Gott sei Dank – die Mitte der Nacht als den Anfang des neuen Tages, und ich fand das Licht, das die Schatten des Todes überwindet. Bruder Tod tötet die Liebe nicht, sondern verklärt sie. Wir alle leben: die einen hier, die andern dort. Das «Dazwischen» empfinde ich als eine hauchdünne Wand, die das Liebesband nur so weit trennt, als es sich um die sinnliche Liebe handelt.

Je mehr man sich in das Geheimnis der ehelichen Liebe vertieft, um so mehr leuchtet ein, dass Gott die Liebe ist. Und so wird denn auch verständlich, warum sich die Liebe dreifach entfalten will: in der Liebe zwischen Gott und Mensch, zwischen dem Du und dem Ich und in der Liebe zu sich selber.

Diese Schrift vermittelt zugleich ein Wiedersehen mit den Ehepaaren, denen ich in den zurückliegenden zehn Jahren meiner Vortragstourneen zu «Duo oder Duell?» bzw. «Damit die Liebe nicht stirbt» begegnen durfte. Auf diesem Weg möchte ich sie alle herzlich grüssen!

Ostern 1994 Adolf Fuchs

I. Teil: Die sinnliche Liebe

«Komm, küss mich
und leg deinen Mund
auf den meinen!

Gut tut dein Duft,
der in der Luft liegt!
Dein Name ist so wunderbar.

Komm, zieh mich.
Komm, zieh mich mit dir.
Ich folge dir nach.
Heut' bist du der König,
der mich ins Gemach führt!

Aufjauchzen lass uns,
dass wir uns freuen,
dass du so gut bist
und dass deine Liebe
mehr ist als alles auf der Welt.

Sag mir doch:
Wen sollte ich lieben,
wenn nicht DICH!»

Nicht wenige Menschen staunten, wenn ich ihnen nach dem Vorlesen dieses intimen Liebesliedes erklärte, dass ich den Text nicht einem romantischen Liebesroman entnommen, sondern in der Bibel gefunden habe! Es handelt sich um einen Auszug aus dem «Hohenlied der Liebe», einer Schrift des Alten Testamentes. Mit den Heiligen Schriften des Volkes Israel übernahm das Christentum auch das Hohelied. Es wurde allerdings durch Jahrhunderte hindurch als Gleichnis für die Liebe zwischen Christus und der Kirche oder Christus und der Seele des Menschen gedeutet. Heute verstärkt sich die Auffassung, dass es sich bei diesem Lied um einen Lobpreis der Liebe von Mann und Frau handelt. Diese Auslegung deckt sich auch mit der biblischen Schöpfungsgeschichte, in der geschrieben steht: «Dann sprach Gott: Es ist nicht gut, dass der Mensch allein bleibt. Ich will ihm eine Hilfe machen, die ihm entspricht» und «Darum verlässt der Mann Vater und Mutter und bindet sich an seine Frau, und sie werden EIN Fleisch.»

Kann denn Liebe Sünde sein?

Ich erinnere mich an ein Telephongespräch, bei welchem mir eine ältere Frau ihr schwieriges Eheproblem anvertraute. Sie berichtete mir: «Mein Mann und ich sind um die achtzig Jahre alt. Trotz dem vorgerückten Alter haben wir uns immer noch sehr lieb und verspüren oft auch Lust, die Liebe körperlich zu erleben, einander ganz nahe zu sein. Seit einiger Zeit halte ich mich von Intimitäten zurück, weil ich Gewissensbisse bekomme, wenn ich gleichzeitig zur Messe und zur heiligen Kommunion gehe. Mit einem Mal ist nämlich in mir der Gedanke aufgetaucht, dass sich Sexualität und Kommunionempfang nicht vereinbaren lassen. Nun spüre ich bei meinem Mann – obwohl er sich Mühe gibt, es zu verbergen – eine innere, tiefe Traurigkeit. Was soll ich tun? Die tägliche heilige Messe will ich nicht aufgeben, und den Ehepartner möchte ich auch nicht enttäuschen. Das Dilemma macht mich krank, ich halte es nicht mehr länger aus. Können Sie mir helfen?»

Im weitern Gespräch stellte ich fest, dass die Frau eine sehr strenge religiöse Erziehung genossen hatte und dass mit einem Mal all das, was man ihr in frühern Jahren als «schwere Sünde» eingehämmert hatte, wieder aus dem Unterbewussten aufgestiegen war.

Die Liebe zum Gatten sowie die eigene Sehnsucht nach körperlicher Nähe einerseits und das Bedürfnis, täglich im Gottesdienst Jesus Christus zu begegnen anderseits, standen einander unversöhnlich gegenüber. Ich erklärte ihr, dass sich nach meinem Dafürhalten die beiden intimen Begegnungen – mit dem Mann und mit Jesus Christus – nicht ausschliessen, sondern vervollkommnen. Es kann doch niemals Sünde sein vor Gott, wenn sich zwei verheiratete Menschen in gegenseitiger Liebe körperlich vereinen, intime Zärtlichkeiten austauschen, wenn Gott die Liebe ist und wenn er den Menschen als Frau und als Mann geschaffen hat!

Diese Antwort, mit der mich übrigens viele Jahre zuvor ein aufgeschlossener Beichtvater endlich aus den Ketten des 6. Gebotes befreite, beglückte die Frau am andern Ende des Drahtes. Noch am gleichen Tag – als wir im Pfarrhof beim Nachtessen sassen – brachte der Pöstler ein Express-Paket. Darin befanden sich ein duftender «Gritibänz» und ein Briefchen, in welchem mir diese Frau schrieb: «Wir sind heute so glücklich, wir zwei! Weil Sie uns dazu geholfen haben, möchten wir die Freude mit Ihnen teilen. Den Gritibänz haben wir miteinander für Sie gemacht. Herzlichen Dank!» Ich verwunderte mich nicht, dass die gleiche Dame ein paar Monate später nochmals ins Dilemma geriet und dass es ein zweites Gespräch brauchte, um die letzten Reste einer früher eingehämmerten Leibfeindlichkeit zu entfernen.

Wenn von Sexualität nur noch Sex bleibt...

Mit dem Wort «Sexus» bezeichnen wir das geschlechtliche Leben, das den Menschen befähigt zur sinnlichen Vereinigung: zum Glückserlebnis der körperlichen Gemeinschaft und zum schöpferischen Wirken. Man kann das Sexuelle in seiner Bedeutung für die Ehe überschätzen oder unterschätzen. In unseren Tagen steht eindeutig die Überbewertung des Sinnlichen im Vordergrund und führt so zu unbeschreiblich traurigen Entgleisungen. Wer nämlich meint, seine Ehe bloss auf Sexualität gründen zu können, der täuscht sich gewaltig. Sexualität, die nicht von der seelischen und geistigen Liebe mitgetragen wird, reduziert sich auf Sex. Dann richtet sich die eigentliche Faszination auf «*das* andere», bei der umfassenden Liebe auf «*den* andern». Wo die körperliche Hingabe losgelöst bleibt von der seelischen und geistigen Liebe, da geht es nicht um das Da-Sein für den Partner, sondern ums Haben-Wollen. Da geht es nicht darum, den Partner glücklich zu machen, sondern vielmehr ganz egoistisch für sich das Glück zu erhaschen. In einer Welt, wo das Konsumdenken so umfassend geworden ist, dass man sich in den Kopf setzt, unverzüglich alles haben zu wollen, nach dem man Lust verspürt, ist die wahre eheliche Liebe sehr gefährdet. Sexualität, die vom «Haben-Wollen», vom «Brauchen-Wollen» des andern ausgeht, die vom Nehmen und nicht vom Geben bestimmt wird, führt niemals zu jenem geheimnisvollen Höhepunkt, mit dem der Schöpfer dem liebenden Paar ein Hauch der unendlichen Seligkeit vermitteln möchte.

Ich beglückwünsche jeden Menschen von Herzen, der die Ehe eingeht, nicht um glücklich zu werden, sondern um glücklich zu machen! Ehefähig ist eigentlich nur jener Mensch, der vom Willen getragen ist, zu dieser grundsätzlichen Haltung heranzureifen.

Eine Liebesgeschichte aus dem Gefängnis

Aus einem unserer Nachbarländer erreichte mich der Brief eines Menschen, welcher von der Gefangenen-Seelsorge mein Büchlein «Wo die Liebe lebt – da ist Gott» bekommen hatte und davon sehr betroffen war. Diese Frau – so wurde mir erzählt – verlor bei einem Verkehrsunfall ihren Mann und die beiden Kinder. Sie selber erholte sich mit der Zeit von ihren schweren Verletzungen. In der wieder erwachten Sehnsucht nach Liebe stiess sie auf einen Mann, den sie sehr lieb gewann, allerdings einen Menschen aus der Dritten Welt. Er war krank und brauchte dringend eine gesunde Niere, um überleben zu können. Eine Transplantation wurde ihm für mehrere Zehntausender angeboten. Leider gelang es ihm nicht, auf ehrlichem Weg diese Geldsumme zu beschaffen, so dass er mit seiner Freundin zusammen einen «Dreh» probierte. Dabei wurden sie erwischt und landeten in der Strafanstalt. Seit ihrer Inhaftierung hat sie keine Nachricht mehr von ihrem Freund. Sie weiss nicht, wo er ist und ob er überhaupt noch lebt. Trotz eifrigem Suchen steht sie immer noch ohne Antwort da. Sie schreibt in dieser bedrückenden Situation: «Um ein bisschen glücklich zu sein, ein bisschen Himmel auf Erden zu haben, kam ich nach langem Nachdenken zur Überzeugung, dass man sich mit dem Leben – und ganz besonders mit dem eigenen Leben – versöhnen muss.»

Und dann kommt sie auf das Thema Liebe zu sprechen: «Wer weiss denn heute noch, was wirklich Liebe ist: Liebe gross geschrieben? Hat das Wort nicht hässliche Fingerabdrücke bekommen von gewissenlosen Geschäftemachern? Werden die Wege zum Menschen, zum Herzen nicht in Kloaken verschandelt? Wer weiss heute wirklich noch, dass Liebe zu tun hat mit Gabe und Hingabe, mit der tiefen Freude, für den andern dazusein und für ihn ein Herz zu haben, mit zartem Einfühlungsvermögen, mit Freundlichkeit und Bereitschaft zu verzeihen und Verzicht auf Gewalt, mit Frieden? Wer weiss heute noch, dass Liebe zu tun hat mit Verantwortlichsein? Sagt doch wieder zueinander: 'Ich habe dich so gern!' Sag es mit oder ohne Worte, sag es mit einem Lächeln, mit einer Geste der Versöhnung, mit einem Händedruck, mit einer Umarmung, mit einem Kuss, mit einem Stern in deinen Augen oder mit einem verständnisvollen Briefchen!»

Die Liebe hat ihre eigene Sprache: Die Zärtlichkeit

Die Sprache des Herzens ist gefragt. Wenn ein Partner plötzlich zu seinem Ehegatten sagt: «Ich gehe fort!», dann will das meistens heissen: «Ich brauche mehr Zärtlichkeit!» Leider kommt das

Wunderland der Zärtlichkeit in vielen Ehen zu kurz, weil man sich vom trockenen Zeitgeist so beeinflussen lässt, dass nur noch das zählt, was sich in Kilometern, in Tonnen, in Megawatt usw. ausdrücken lässt. Demgegenüber steht die weise Lebenserfahrung: «Liebe muss täglich neu erobert werden.» Die zärtliche Werbung um den Partner endet nicht mit dem Hochzeitstag, im Gegenteil! Auch 50 und 60 Jahre Ehe müssten keineswegs langweilig werden, im trockenen Sand verlaufen, wenn sich die Ehepartner Mühe gäben, in der Liebe so zu wachsen wie z. B. im Beruf. «Liebe muss man lernen» gilt ganz besonders für die Zärtlichkeit, d. h. für die vielfältigen Gesten, mit denen man dem Partner sichtbar oder spürbar zeigen will, wie lieb man ihn hat. Der Schöpfer stattet den Menschen mit mehreren grossartigen Instrumenten aus, damit er auf ihnen das «Spiel der Liebe» spielen kann. Doch was nützt das kostbarste Klavier, wenn man nicht gelernt hat, auf ihm zu spielen? Genauso ist es auch mit unsern Augen, unserem Mund und unseren Händen! Sie bieten einzigartige Möglichkeiten, um uns dem andern mitzuteilen, mit dem Körper zu sprechen. Auch Jesus unterstrich seine Worte mit eindrücklichen Zeichen und Gesten. Michelangelo schuf wohl eines der schönsten Beispiele der Körpersprache in der Sixtinischen Kapelle: Der Schöpfer berührt mit seinem Finger den Finger Adams und erweckt ihn so zum Leben.

Die Augen

Was Worte nicht auszudrücken vermögen, das gelingt uns viel deutlicher mit den Augen. Sie sind ja sozusagen die Fenster unserer Seele. Wenn wir nicht aneinander vorbeischauen, sondern fest in die Augen, dann können wir tief in das Herz des andern eintauchen. Wir spüren sein Glücksgefühl, seine Freude, aber ebenso wenn ihn etwas bedrückt, wenn er traurig ist. Dann finden wir rascher die Möglichkeit, Anteil zu nehmen an des Partners Stimmung, an Freud und Leid.

Für Menschen, die sich lieben, ist das Spiel der Augen ein wunderbares Leuchten, das faszinierender wirkt als die schönste Sternennacht. Augen können uns bis tief in das Herz hinein beglücken. Warum nicht wieder einmal ganz lang und ganz tief einander in die Augen schauen?

Wenn wir einander auf diese Weise ganz nahekommen, können wir eine Entdeckung machen, die schon kleine Kinder erfahren: «Mama, wenn ich in deine Augen schaue, dann sehe ich mich!»

So wie jedes Ding seine zwei Seiten hat, so können wir die Augen aber auch zum Gegenteil der Liebe missbrauchen; diese Palette reicht vom abweisenden bis zum vernichtenden Blick…

Glückliche «Augenblicke» schenken sich Ehepartner dann, wenn sie sich nicht mehr scheuen, «sich gänzlich sehen zu lassen». Es sind Augenblicke, in denen das gegenseitige Geben und Empfangen unmittelbar «sichtbar» wird. In diesem Anschauen sehen die vier Augen, wie sie gesehen werden; sie dringen bis zur Wirklichkeit vor.

Der Mund

Wenn wir vom Mund reden, so denken wir vorab an unsere Sprache. Wie sprechen Ehepartner miteinander? «Die Liebe hat ihre eigene Sprache. In der Ehe kehrt sie zur Landessprache zurück!» Diesen Spruch habe ich mir aufgeschrieben, denn er macht uns darauf aufmerksam, dass das WIE beim Sprechen eine wichtige Rolle spielt. Reden wir nur dann miteinander, wenn wir etwas auszusetzen haben, oder benutzen wir die Sprache vor allem dazu, uns gegenseitig zu ermuntern, einander zu danken, zu loben oder gar etwas Liebenswürdiges zu sagen?

Da soll einmal eine Frau gewesen sein, die jahrelang an ihrem Mann herumnörgelte, bis sie ihn endlich so weit hatte, wie sie ihn haben wollte. Doch nach zwanzig Jahren schaute sie ihren Mann mit bedauernswertem Blick an und meinte enttäuscht: «Schade, du bist gar nicht mehr der gleiche wie früher!»

«Wenn der Mensch täglich seine Streicheleinheiten bekommt, strahlt er; wenn nicht, verkümmert er», so beschreibt Ruth Knebel die Bedeutung der Zärtlichkeit. Für die meisten Menschen sind Ermunterungen wie «Ich glaube an dich», «Das hast du gut gemacht», «Man sieht, dass du dir Mühe gegeben hast» oder «Ich brauche dich» lebenswichtig.

«Der Mensch bedarf des Lobes fast wie der Nahrung.» Diesen Spruch fand ich auf meinem Tageskalender. Ich klebte ihn an die Zimmertüre, damit ich ihn nie mehr vergesse. Er gilt für den Mann wie für die Frau. In jeder guten Arbeit steckt auch ein Quentchen Erwartung, dass man von den andern beachtet und anerkannt wird. Das Lob vorenthalten heisst einen Menschen aushungern lassen. Ich habe die Erfahrung gemacht, dass es einer Partnerschaft sehr gut tut, wenn sich die Ehegatten gegenseitig für den Beruf des andern interessieren, einander auch in dieser Beziehung Aufmerksamkeit und Anerkennung schenken.
Dass die sogenannte «Nur-Hausfrau», die sich vollberuflich den Kindern, der Familie, dem Haushalt und der Wohnung widmet, also die ganze Arbeitskraft daheim einsetzt, fast ausschliesslich auf ihren Mann angewiesen ist, um nicht «verdursten» zu müssen, liegt auf der Hand. Sie hat ja keinen Vorgesetzten bzw. keinen Arbeitgeber. Heutzutage ist es für eine Gattin, die als Hausfrau und Mutter tätig ist, besonders schwierig, sich wertvoll zu fühlen, weil ihr die Massenmedien ständig ins Ohr blasen, dass sich die «moderne Frau» nicht mehr mit einem Leben zwischen Kochherd, Staubsauger und Schoppen begnügt… Um so mehr bedarf sie des Lobes durch den Gatten, um nicht unzufrieden zu werden.
Dass Verliebte den Mund zum Küssen einsetzen, liegt auf der Hand. Und Verheiratete? Dort, wo der Kuss weiterhin als besonders intimes Zei-

chen der Liebe und Treue die eheliche Gemeinschaft belebt, haben Eifersucht und Neid Mühe, schwerwiegende Probleme zu werden. Schade, dass es Ehen gibt, wo der Kuss wohl täglich die beiden Münder zusammenführt, aber bloss gedankenlos und oberflächlich. Beim Küssen berühren sich doch nicht nur die Lippen, sondern zwei Herzen: aus dem Ich und Du wird das «Wir». Zu einem Kuss, der wirklich diesen Namen verdient, braucht es nicht nur den Mund, sondern auch beide Hände, behauptet Mark Twain, d. h. nicht nur die Lippen, sondern den ganzen Menschen.

Die Hände

Die Sprache der Hände ist universal, sie wird allüberall in der Welt verstanden, auch dort, wo man die Worte nicht versteht. Wenn Worte fehlen oder versagen, sind Hände da, die trösten, wärmen, heilen. Diese Erkenntnis gilt besonders auch für Ehepaare, denn schliesslich sagt der Volksmund nicht ohne Grund: «Er hielt um die Hand der Frau an» oder «Sie reichte ihm die Hand fürs Leben» oder «Er trägt sie auf den Händen».

Die Hände sind nicht bloss zum Schaffen da, nein! Wer weiss, dass die Haut als Königin der Sinne gilt, den drängt es, den andern zu berühren und in dieser Berührung selber berührt zu werden. Meine Hand in die Hand des andern legen vermittelt ein Gefühl von beglückendster

Geborgenheit. Wieviel Seligkeit kann man mit seinen Händen vermitteln, wenn sie streichelnd den Partner liebkosen!
Ich bin jedesmal zutiefst berührt, wenn sich an der kirchlichen Hochzeitsfeier die beiden Ehegatten die Hand reichen, wenn der Priester die Stola um die verschlungenen Hände wickelt und schliesslich mit seiner Hand die beiden liebenden Hände umfasst und das sakramentale Wort sagt: «Jetzt spricht Gott sein grosses Ja zu eurem Ja.» Mit seiner grossen Hand verbindet er die beiden kleinen Hände.
Vielleicht verstehen wir das Instrument «Haut» noch besser, wenn wir das Lexikon aufschlagen und darin lesen: «Ein Gewebesystem, das den Abschluss der mehrzelligen Lebewesen gegenüber der Aussenwelt und gleichzeitig die Verbindung mit ihr bildet.» Es gibt wohl keinen der fünf Sinne, den wir Menschen so vernachlässigen wie den Tastsinn, gibt er uns doch die Fähigkeit, durch Berührung besondere Reize auszulösen und wahrzunehmen, die nicht nur den ganzen Körper beschwingen, sondern auch das Gehirn erfassen.

Sexualität in der Ehe

Als ich mich vor einigen Jahren in einer Arbeitsgruppe mit dem Thema «Ehe» befasste und wir abschliessend ein paar Grundregeln zu formulieren versuchten, gelangten wir u. a. auch zu folgender Aussage: «Ehe ist *die* Form der Partnerschaft, in der sich Liebe und Sexualität am besten verbinden lassen. Gegenseitige Treue ist kein unnatürlicher Zwang, sondern Vollendung menschlicher Liebe in Freiheit.»
Zu dieser Aussage bekenne ich mich nach wie vor. Die moderne Sicht vom grosszügigen Umgang mit der Sexualität, mit der ungebundenen Liebe, macht auf den ersten Blick einen wohlfeilen Eindruck, birgt aber in sich die grosse Gefahr von Enttäuschung, Verletzung der innersten Gefühle, Depressionen und nicht selten sogar einer gestörten Sexualität.
Doch auch innerhalb der Ehe erfüllt die Sexualität nur dann die vom Schöpfer erdachte Dimension, wenn sich die Ehegatten in vollster Harmonie von Körper und Seele schenken. Das zu erreichen setzt allerdings sehr viel voraus und gelingt sicher nicht, wenn man der Vorbereitung und der Nachbereitung nicht die volle Aufmerksamkeit schenkt.
Ein paar Tips dazu:

Zuerst anziehen und dann ausziehen!

Da kommt eine Frau zum Arzt und hält ihm das Gesicht hin: «Herr Doktor. Ich habe überall rote Flecken im Gesicht: unter der Nase, am Kinn, an den Backen. Was kann ich tun?» Der Arzt schaut sich die Patientin an und antwortet lächelnd: «Rasieren!» – «Was?» gibt die Dame entrüstet zurück: «Ich soll mich rasieren?» – «Quatsch», erwidert der Doktor: «Er!»
Damit sich zwei Menschen mit Körper und Seele ganz vereinigen können, müssen alle störenden Faktoren von vornherein ausgeschaltet werden und beide Partner sich bemühen, einander von der besten und schönsten Seite zu begegnen. Dazu gehören Sauberkeit, gepflegte Frisur, ansprechendes Parfum, «anziehende» Bekleidung. Sehr störend kann sich der üble Mundgeruch auswirken; dem kann man allerdings durch geeignetes Mundwasser vorbeugen.
Ludwig der Heilige verordnete in seinem Königreich: «Ich wünsche, dass sich alle Frauen meines Reiches hübsch machen, damit es ihre Männer leichter haben, ihnen treu zu bleiben.» Wie oft muss ich den Kopf schütteln, wenn ich sehe, wie sich Frauen oder Männer im Laufe der Ehe «gehen lassen», die körperliche Pflege vernachlässigen oder auf eine gefällige Bekleidung keinen Wert mehr legen. Dies ist mir um so weniger verständlich, wenn ich doch weiss, wie sich die beiden während der Braut- bzw. Werbezeit enorm Mühe gaben, einander wie die prächtig-

sten Sommervögel zu begegnen und so anziehend aufeinander zu wirken.
Es gibt Fälle von Ehebruch, wo «der Schuldige» nicht bloss beim untreu gewordenen Partner zu suchen ist, sondern ebenso bei jenem Teil, der aus lauter Bequemlichkeit oder Interesselosigkeit vom «Sommervogel» zum «Engerling» verkümmerte...

Einstimmen und nicht Be-stimmen!

Es geht nicht an und riecht nach Vergewaltigung, wenn ein Mann von seiner Frau z. B. verlangt, dass sie sich mit ihm jeden Tag über die Mittagszeit ins Bett begibt und dabei aus Zeitmangel aufgefordert wird: «Mach rasch, ich muss bald wieder an die Arbeit!» Einer jungen Frau, welche sich bei mir über dieses männliche Gebaren beklagte, gab ich den Rat, sich ein solches «Liebesglück» nicht gefallen zu lassen, vielleicht aber dem Mann in einer ruhigen Stunde zu erklären, was es für eine Frau eigentlich bedeutet, mit dem Mann «selig» zu werden.
Beglückende Sexualität setzt geistige Intimität voraus, die noch anspruchsvoller ist als die körperliche. Die Vereinigung von Mann und Frau, dieses beglückende Einswerden, ist wohl die intensivste Beziehung zwischen zwei Menschen. Sie muss eingebettet sein in Blumen der Zärtlichkeit: liebevoller Blick-Kontakt, umwerbende Worte, feinfühlende und einfühlende Berührungen, damit sich die körperlichen und seelischen Kräfte so steigern, dass man sich gegenseitig

voll schenken kann. Dass Vorspiel und Nachspiel ein Minimum an Zeit bedingen, sollte eigentlich nicht betont werden müssen. Optimal scheint mir ein Tag zu sein, wo «alles stimmt» von morgens früh bis abends spät, wo man sich nach dem Partner sehnt und sich die Mühe nimmt, es ihm auf liebenswürdige Art zu zeigen. Dann kann man sich Stunden zuvor auf die grosse Begegnung freuen.

«Lies mir etwas vor, währenddem ich lisme», sagte die Frau zu ihrem Mann, der den ganzen Abend die Nase in die Zeitung steckte, wogegen sie sich die Langeweile mit Lismen vertrieb. Und die Antwort, ohne den Kopf aus dem Papier-Zelt zu heben: «Lisme du mir etwas vor, während ich lese!» So nicht! Zu den schlimmen Spielverderbern zählt öfters der Fernseh-Krimi. Nicht selten höre ich von Männern, die sich den ganzen Feierabend auf den Fernseher konzentrieren, dass sie sofort «psst» machen, wenn ein Kind stört oder die Frau etwas sagen oder fragen möchte, und schliesslich so zwischen 11 und 12 Uhr ins Bett kommen mit der ahnungslosen und zugleich einladenden Geste: «So, Klärli, wie hämmer's hüt obig?», und erst dann merken, dass sie sich bereits selber «ausgeladen» haben...

Nicht glücklich werden, sondern glücklich machen

In der Sexualität erweist es sich konkret, ob die Liebe des Partners echt ist oder bloss egoistisch.

Wenn nicht davon ausgegangen wird, den andern glücklich zu machen, wenn nicht die Absicht besteht, sein persönliches Glück im Glückserlebnis des Partners zu finden, dann wird Sexualität zu einem mühsamen Muss.
Zum ersten geht es einmal darum, dass in beiden Partnern die Lust zur körperlichen Vereinigung sichtbar wird. Den andern dazu zwingen kommt einer Vergewaltigung gleich und führt langfristig gesehen nicht zusammen, sondern voneinander weg. Ekel tritt anstelle der Sympathie.
Zum zweiten gilt es, die besondere Veranlagung des Partners zu berücksichtigen, insbesondere auch den unterschiedlichen Verlauf der Erregungskurve bei Frau und Mann. «Den Partner glücklich machen» heisst sich so aufeinander abstimmen, dass der Höhepunkt gemeinsam erreicht werden kann.
Zum dritten ist zu beachten, dass manche Ehepartner – besonders Frauen – nach der gegenseitigen Befriedigung das «Fest der Liebe» in wachem Beieinandersein noch eine Zeitlang geniessen möchten. Wer nach dem Höhepunkt einfach einschläft oder zur Zeitung greift, der verletzt den andern in einer Weise, die das schöne gemeinsame Erlebnis weitgehend zunichte macht.

Ganz für den andern dasein!

Das Einswerden von Körper und Geist ist keine alltägliche Angelegenheit, sondern ein gewalti-

ger Höhepunkt im Leben der Ehe. Es verträgt sich darum nicht, dass ein Ehepartner gleichzeitig den Kopf woanders hat. Sexuelle Liebe ist äusserst sensibel. Sie reagiert auf jede zwischenmenschliche Störung, auf Stimmungsschwankungen, auf seelische Belastungen, auf körperlichen Stress.
Die Bedingungen sind sehr anspruchsvoll, und darum leuchtet es auch ein, dass Sexualität nicht mit Leistungssport verglichen werden kann, wie dies heute oft der Fall ist, wo sich bald jedes Ehepaar anormal verkommen muss, das nicht wöchentlich 3–5mal Geschlechtsverkehr pflegt. Sexualität ist viel weniger eine körperliche Leistung als eine der höchsten Ausdrucksformen ehelicher Liebe. Ein Verliebter ohne Ehrfurcht vor dem andern ist kein Liebhaber, sondern ein Begehrender.
Es ist übrigens ein Irrtum, wenn man meint, jedes intime Beieinandersein müsse zur körperlichen Vereinigung führen. Es sprach die Frau zu ihrem Mann: «Bitte, werd' jetzt nicht böse, aber ich habe das Gefühl, du schmusest immer auf ein Ziel hin. Ich möchte ab und zu zwecklos, ziellos schmusen. Mich in deine Arme kuscheln, dich streicheln, mich von dir streicheln lassen. Nicht mehr. Kannst du das verstehen?» Der Mann: «Ich versuche dich zu verstehen. Vielleicht haben wir verlernt, einfach 'gratis' zärtlich zu sein…» Ja, vielleicht sollten wir auch lernen, offen miteinander über unsere Sexualität zu sprechen.

An dieses Ganz-füreinander-Dasein – ein Herz und eine Seele sein – erinnert mich jenes Ehepaar im Kanton St. Gallen, vom dem in der Zeitung zu lesen war, dass die Ehefrau dem nierenerkrankten Mann eine ihrer gesunden Nieren geschenkt hat, so dass man mit Fug und Recht behaupten kann, dass die beiden nicht nur ein Herz und eine Seele, sondern ebenso eine Niere und eine Seele sind...

Wo sind die Grenzen?

Es besteht vielfach eine grosse Unsicherheit bei gläubigen Menschen, was in der Ehe moralisch und religiös erlaubt ist oder nicht. Deshalb finde ich es angezeigt, jene Leitsätze zusammenfassend aufzuführen, welche die Synode 72 unter dem Titel «Eheliche Sexualität, Familienplanung und Empfängnisregelung» aufgestellt hat. Sie wirken auf christliche Ehepaare sehr befreiend und räumen der ehelichen Sexualität wieder jenen Raum ein, den der Schöpfer wohl vorgesehen hat:

«1. • Die Ehepartner dürfen und müssen selber bestimmen, wie viele Kinder sie verantworten können.
- Diesen Entscheid dürfen sie nicht egoistisch und willkürlich fällen; sie müssen

sich vielmehr anhand ihrer konkreten Ehesituation gemeinsam ein sachgerechtes Urteil bilden. Zum Beispiel der Gesundheitszustand und das Alter der Eltern, die Zahl der schon vorhandenen Kinder können Gründe sein, um die Kinderzahl bewusst einzuschränken.

2.
- Ist die Zeugung eines Kindes zeitweilig oder für immer unverantwortbar, dann ist es wieder an den Gatten selber, über die Methode der Empfängnisverhütung zu entscheiden.
- Können Eheleute kein weiteres Kind verantworten, wird ihnen vom Lehramt der Kirche die sogenannte «Zeitwahl» (periodische Enthaltsamkeit nach der Methode von Ogino-Knaus) empfohlen. Neuerdings ist auch die Methode «symptothermal» im Gespräch (Bestimmung der unfruchtbaren Zeit anhand des Scheidenschleims und der Aufwachtemperatur).
- Wenn jedoch ein Ehepaar einerseits keine Kinder mehr verantworten kann und andererseits die Methode der Zeitwahl nicht genügt, dann sündigen die Gatten nicht, wenn sie nach bestem Wissen und Gewissen eine andere Methode wählen (z. B. Pille, Schutzmittel).
- Hat man sich in rechter Gesinnung für eine andere Methode entscheiden müssen, so scheint bei der moralischen Bewertung die Methodenfrage nicht mehr vordergrün-

dig zu sein: Man wählt jenes Mittel, welches für das jeweilige Ehepaar am wenigsten Negatives in sich birgt.

3. • Die operative Sterilisation (Unterbindung, Unfruchtbarmachung) darf nicht den andern Methoden der Familienplanung gleichgesetzt werden. Sie kann für Grenzfälle gleichsam als «letzter Ausweg» in Frage kommen. Ob und wann dieser Eingriff ratsam und sittlich verantwortbar ist, kann nur von Fall zu Fall nach reiflicher Überlegung und eingehender Beratung entschieden werden.

4. • Der Schwangerschaftsabbruch, in welcher Form auch immer (operativer Eingriff, Pille darnach usw.), wird als Methode der Familienplanung entschieden abgelehnt.

5. • Wenn jemand so nach seinem Gewissen verantwortungsbewusst entscheidet und handelt, braucht er keine Gewissensangst zu haben: Er darf auch ohne vorherige Beichte kommunizieren.»

«Lieben und geliebt zu werden
ist das Herrlichste auf Erden.
Was ich möchte, was mir sollte,
was mir müsste werden:
Lieben und geliebt zu werden!»

Clemens Brentano

II. Teil: Die seelische Liebe

Der libanesische Dichter Kahlil Gibran drückt dieses Geheimnis in seinem Buch «Der Prophet» so aus: «Euer Leib ist die Harfe eurer Seele. Und es steht bei euch, daraus süsse Laute zu locken oder nur verworrene Geräusche.» Zärtlichkeit weiss und spürt auch intensiv die Verletzlichkeit des Menschen und ist deshalb bedacht, so zart als möglich zu sein.

Die drei Ringe

Eine Geschichte aus Afrika

In Yoruba lebte einmal ein König. Er hatte eine schöne Tochter. Sie hiess Adetola. Eines Tages hörte man in aller Frühe Trommelschläge. Die Leute horchten auf und fragten: «Wer hat heute Geburtstag?» Alle liefen zum Königshof. Die Wächter erklärten: «Heute wird die Königstochter Adetola 16 Jahre alt.» Vor Freude klatschten alle in die Hände und tanzten im Rhythmus der Trommeln und Rasseln. Sobald Adetola in den Hof kam, sang ein Mädchen die Glückwünsche vor, und alle wiederholten die Strophe. Adetola freute sich und ihr Vater auch. Am Abend rief der König seine Tochter zu sich und sagte: «Adetola, ein Mädchen in deinem Alter sollte heiraten. Ich werde für dich einen Mann aus meinem Volk suchen.» Adetola nickte und flüsterte: «Ich will schon heiraten. Doch möchte ich sicher sein, dass mich mein Mann auch wirklich liebt.» Der König meinte: «Das ist schwierig, niemand kann dem andern ins Herz schauen.»

Noch am selben Tag verkündeten die Buschtrommeln: «Der König will seine Tochter verheiraten.» Schon am nächsten Morgen, bei Sonnenaufgang, standen die ersten jungen Männer vor dem Königspalast. Von nah und fern kamen sie gelaufen. Die reichsten von ihnen waren mit Dienern und Sklaven da; denn sie hatten kostbare Geschenke mitgebracht. Mit diesen wollten sie die Königstochter beeindrucken. Als die Sonne unterging, schritt Adetola an der Seite ihres Vaters in den festlich geschmückten Innenhof. Beide setzten sich auf die Thronsessel, die bereitstanden. Begeistert klatschten, trommelten und sangen die Leute. Als der König ein Zeichen gab, trat der erste Mann vor den Thron der Prinzessin. Er trug einen Überwurf, der aus Goldfäden gewoben war. Mit einer tiefen Verneigung überreichte er der Prinzessin kostbare Geschenke und sagte: «Ich bin Bola, der reichste Mann in unserem Land. Sicher liebt dich keiner so wie ich.» Adetola dankte ihm mit einem Lächeln. Und schon stand der nächste Mann mit Kostbarkeiten bereit. Einer folgte dem andern. Neben

Adetola türmten sich prächtige Gewänder, wertvoller Schmuck aus Gold und Edelsteinen.
Es wurde Mitternacht. Der letzte Jüngling stand vor Adetola. Er hiess Ope und kam aus einem entlegenen Dorf. Obwohl ihn seine Kameraden auslachten, kaufte er aus seinem selbstverdienten Geld einen weissen Überwurf. Als Geschenk trug er drei goldene Armringe bei sich, ein Andenken von seiner verstorbenen Mutter. Scheu stand Ope vor der Königstochter. Da glitten ihm aus Verlegenheit die Ringe aus der Hand und rollten vor die Füsse der Prinzessin. Schnell hob er sie auf, schenkte sie ihr und sagte: «Diese drei Ringe bedeuten LIEBE, FREUDE UND LEBEN. Nimm sie, sie sind das Geschenk vom ärmsten jungen Mann in unserem Land. Aber er liebt dich aufrichtig.» Alle belächelten den armen Ope und waren neugierig, wer wohl der Bräutigam sein werde. Da erhob sich der König und sagte: «In der Nacht entscheide ich nichts. Erst im hellen Licht der Sonne werde ich meinen Beschluss verkünden.» Zu Adetola sagte er halblaut: «Habe Geduld, ich wähle für dich den Reichsten von allen aus.» Und sie gingen schlafen.
In der Nacht träumte Adetola. Sie war mit ihrer verstorbenen Mutter im Garten. Diese tröstete sie und flüsterte: «Kind, sage dem Vater, er soll verkünden, du seiest gestorben. Schaut, was die Männer dann machen. Leicht kann man daraus lesen, was in ihren Herzen steht.» Am Morgen erzählte Adetola den Traum ihrem Vater.

Der König dachte nach. Er zog ein Trauergewand an und ging hinaus in den Hof. Das Lachen und Singen verstummte. Mit trauriger Stimme verkündete der König: «Letzte Nacht ist Adetola gestorben.» Alle erschraken. Man hörte weinen und klagen. Vorbei war es mit der Königshochzeit. Nach einer Weile trat Bola vor den traurigen König. Er reichte ihm die Hand und sagte: «Ich kann es nicht glauben, dass Adetola tot ist. Ich liebte sie sehr. Doch meine Geschenke möchte ich wieder zurück.» Und der König liess alle Geschenke holen und gab sie zurück. Einer nach dem andern kam. Wild stürzten sie auf ihre Geschenke los. Dabei gab es Schlägereien. Auch Ope trat vor den König. Mit trauriger Stimme sagte er: «Was ich der Liebsten auf dieser Erde gegeben habe, will ich nicht zurückhaben. Gib Adetola die drei Ringe mit ins Grab.» – «Sie soll sie tragen, mein Sohn», erwiderte der König, zerriss das Trauergewand und verkündete: «Adetola lebt und Ope soll ihr Bräutigam sein.» Diener brachten Adetola herbei. Wie sie Ope erblickte, strahlte ihr Gesicht. Nun wusste sie, Ope ist der Mann, der sie wirklich liebt.
Bei der Hochzeit bekam Ope einen neuen Namen. Alaba nannte ihn der König. Die Hochzeit von Adetola und Alaba wurde eine Woche lang gefeiert. Die Trommeln, Rasseln und Schlaginstrumente hörte man Tag und Nacht. Gross und klein sang und tanzte zur Musik. Zwischenhinein assen und tranken sie. Alaba und Adetola lebten glücklich miteinander. Und als der alte König starb, wurde Alaba König.

Warum hast du geheiratet?

Wenn man sich mit Brautleuten über das Warum zur Verehelichung unterhält und im Gespräch die Frage stellt: «Warum wollen Sie heiraten?», dann vernimmt man in der Regel prompt die Antwort: «Weil ich glücklich werden möchte!» Die Betonung liegt auf dem Wörtchen «ich», auch wenn dies in der Aussage nicht besonders herausgestrichen wird. Daraufhin erwidere ich: «Ja, 'glücklich werden', das ist gut – aber 'glücklich machen', das ist noch besser!» Es kommt in der Ehe wirklich auf diese grundsätzliche Einstellung an. Entscheidend ist, ob ich in der Partnerschaft in erster Linie mein eigenes Glück suche oder ob es mir ganz und gar darum geht, den Partner glücklich zu machen und erst dadurch selber glücklich zu werden.
Die Ehe lebt ja nicht aus den Erwartungen, die ich gegenüber dem Partner habe, sondern aus dem, was ich dem Partner an Liebe zukommen lasse. Darum sollte die Ehe vom Grundgedanken getragen sein: «Ich will all das tun, was meinen Partner glücklich machen könnte. Wenn mir dies gelingt, dann werde ich der glücklichste Mensch auf Erden sein!» Es ist erstaunlich, wie viele Menschen in die Ehe hineinspazieren, als ob nichts geschehen sei. Sie gelten wohl als Verheiratete, leben aber wie Ledige weiter und tun, als ob sie noch nie gehört hätten, dass Liebe nicht im Nehmen, sondern im Geben besteht, dass man Liebe nicht kaufen kann, sondern sich

schenken muss. Dazu ein träfes Beispiel, aus dem Leben gegriffen:

Sie stammte aus einem Land, wo man zum Frühstück Butterbrot isst. Er kam aus einem Land, wo man Porridge zum Morgenessen nimmt. Weder er noch sie wollten die alten, liebgewordenen Gewohnheiten aufgeben. Da beide zur Arbeit gingen, vereinbarten sie, dass jedes von ihnen abwechslungsweise das Frühstück bereitet. Als die Frau an der Reihe war, servierte sie Butterbrot für beide, und er ass notgedrungen mit. Am andern Tag stellte er das Porridge auf den Tisch, und sie ass ohne jede Lust mit. Es «stank» beiden, weil jedes die Gewohnheiten des andern schlucken musste. Doch eines Tages gab es im Herzen der Frau eine Aha-Reaktion: Sie entdeckte, was Liebe ist! Spontan trug sie an «ihrem» Tag nicht mehr Butterbrot, sondern Porridge auf und ass aus Liebe mit. Diese Überraschung veränderte ihn so, dass er nicht mehr anders konnte, als an «seinem» Tag Butterbrot aufzutragen und mit Freude zu kosten. Im Endergebnis assen sie genau das gleiche wie vorher, aber jetzt schmeckte es beiden! Etwas Wesentliches hatte sich geändert, nicht auf dem Tisch, sondern im Herzen der beiden: Liebe heisst im tiefsten glücklich machen und so auch selber glücklich werden!

Ich schenke Ihnen drei Worte

Immer wieder habe ich mir aufs neue überlegt, was ich den frisch vermählten Brautpaaren an der Hochzeitsfeier mitgeben könnte, sozusagen als geistiges Geschenk. Schliesslich haben mich die Erfahrungen und Überlegungen dazu geführt, den Hochzeitspaaren drei Worte für die Ehe mitzugeben: «Ich liebe dich – Es tut mir leid – Herrgott, hilf».
Dazu ein paar Gedanken:

Ich liebe dich!

Es gibt für den Menschen nichts Schöneres, als wenn er einen Mitmenschen findet, der zu ihm sagt: «Ich liebe dich. Du bist für mich einzig. Du gefällst mir, so wie du bist. Ich möchte immer bei dir sein, mein ganzes Leben lang. Ohne dich kann ich mir mein Leben gar nicht mehr vorstellen» usw. Es sind jene «Liebesmelodien», die in der Werbezeit zum Tragen kommen und die Herzen berühren. Kein Wunder, dass man sich voneinander angezogen fühlt, dass die Nähe des andern wohltut und dass man sich wünscht, auf ewig diese liebliche Geborgenheit erfahren zu dürfen.

Es ist offensichtlich, dass diese grossen Erwartungen tief enttäuscht werden, wenn nach der Hochzeit die Melodie der Liebe verstummt, wenn «alles so klar wird», dass man sich nichts mehr zu sagen hat. Die gegenseitige Liebe lebt davon, dass sie sich äussert, sich mitteilt, dass sie von Seele zu Seele schwingt. Eine Liebe, die verstummt, stirbt. Eine Liebe, die lebt, will wachsen, will mehr werden, will sich immer deutlicher und liebenswürdiger entfalten. Damit der Körper überleben kann, braucht er täglich ein Minimum an Flüssigkeit. Damit die Liebe nicht stirbt, braucht sie täglich ein Minimum an Liebenswürdigkeiten! Darum wünsche ich jedem Paar, dass in der Ehe kein Tag vergeht, ohne dass man den andern wissen lässt: «Ich hab' dich lieb!»

Bertolt Brecht hat einmal gesagt: «Sie war nicht schön, aber sie hätte es werden können, wenn es ihr jemand gesagt hätte.» Gesundheit und Schönheit hängen weitgehend davon ab, ob man sich in der Ehe geliebt weiss, ob man sich mit dem Partner glücklich fühlt. Wenn mir jemand bei einem gesellschaftlichen Anlass z. B. zuflüstert: «Der da hat ein böses Weib», dann schaue ich zuerst den Mann an und frage mich, ob er vielleicht in der Sprache der Liebe versagt hat. «Ich habe dich lieb, noch mehr als einst!» kann keineswegs ersetzt werden mit materiellen Zugaben wie Geld, Kleider, Schmuck usw.

Dass Liebe sich immer wieder bis ins hohe Alter hinein durch Worte, Gesten, Aufmerksamkeiten und dergleichen äussern sollte und dass davon mehr abhängt, als man meint, behauptet auch Françoise Sagan: «Es gibt ein Alter, in dem eine Frau schön sein muss, um geliebt zu werden.

Und dann gibt es das Alter, in dem sie geliebt werden muss, um schön zu sein...»

Es tut mir leid!

Auch wenn wir noch so guten Willen und noch so flotte Manieren haben, so bleiben wir auch in der Ehe im Grunde genommen armselige Menschen: Menschen, die vergessen, die übersehen, nicht bemerken, einander nicht verstehen, die versagen, die einander sogar weh tun.
Da feierte ein Ehepaar das silberne Hochzeits-Jubiläum. Dazu hatte man auch einen erfahrenen Seelsorger eingeladen. Als die Runde ordentlich fortgeschritten war und der Silber-Bräutigam vom «Roten» immer mehr in Schuss kam, rief er in die Tafelrunde: «Ja, so zwei wie wir zwei! Das gibt's nur einmal! 25 Jahre verheiratet und noch nie Streit gehabt.» Da bemerkte der alte Pfarrer: «Dann seid ihr aber gar nie richtig verheiratet gewesen!»
Auch in einer guten Ehe kommt es zu Auseinandersetzungen, ja sogar zum Streit. Die Frage ist, *wie* die Eheleute den Konflikt austragen und ob sie sich je einmal bewusst geworden sind, dass «kein Mensch ohne Fehler – wie kein Fisch ohne Gräte – ist». Ein chinesisches Sprichwort besagt, dass man jedem Menschen zwei Fehler zugestehen soll. Damit ist vor allem gemeint, dass man aufhören soll, ständig am Partner herumzunörgeln. In jedem Menschen steckt ein grosses Potential an guten Eigenschaften. Aufgabe des

Partners ist es, diese zu entdecken, zu wecken und zu fördern. Ich habe einmal gelesen, dass man einander «brutto lieben» sollte, d. h. so, wie der Partner wirklich ist, und nicht so, wie man ihn gerne haben möchte. Wer wünschte nicht, dass ihn der andere in seiner eigenen Haut lässt und in seiner Einmaligkeit akzeptiert? Wie wohltuend und befreiend ist es, wenn ein Gatte vor dem andern nicht perfekt zu sein braucht, denn das gibt es ja nicht!

Selten ist es so bös gemeint, wie es tönt. Deshalb darf man einander nicht jedes Wort und jedes Tönchen auf die Goldwaage legen. Ein Beispiel: Im Verlauf eines erregten Ehekrachs schreit er: «Jetz hani d'Nase definitiv vole. I haus als Holzfäller uf Kanada oder als Mänschefrässer in Urwald oder als Zwangsarbeiter uf Sibirie!» Zieht den Mantel an, legt den Hut auf und knallt die Türe hinter sich zu. Nach zwei Minuten öffnet sich die Tür wieder, er streckt den Kopf herein und meint: «Häsch nomoll Schwein gha, es rägnet dusse!» – Zudem gibt es ein Sprichwort, das man in der Ehe nicht vergessen sollte: «Die Haare, die man in der Suppe findet, stammen oft von den eigenen Zähnen.»

Wenn man sich der eigenen Fehler und Schwächen immer wieder bewusst wird und sich mit der Zeit vom Gedanken leiten lässt: «Dass du mich trotz meiner Eigenheiten und Schwächen liebst, das finde ich wunderbar!», schafft man die nötigen Voraussetzungen, um bei Auseinandersetzungen möglichst sachlich zu bleiben, und damit ist schon sehr viel erreicht.

«Ein zentrales Thema in der ehelichen Beziehung ist das Vergeben» (Pfarrer Ernst Sieber). Kommt es zu einem heftigen Streit, durch den der eine oder beide Partner sich zutiefst verletzt fühlen und sich entfremden, dann gilt es, sich so rasch als möglich wieder zu versöhnen. Dabei hat es wenig Sinn, den «Schuldigen» ausfindig zu machen und zu warten, bis sich dieser entschuldigt. Nein, abgesehen davon, dass sich der «Schuldige» gar nicht so einfach ausmachen lässt, soll doch derjenige zum andern kommen und sagen «Es tut mir leid», der in jenem Moment über mehr Kraft verfügt: der «Stärkere» bzw. der «Sieger» der vorausgegangenen «Schlacht». Mag der andere noch so verstimmt oder beleidigt sein, das Wort «Es tut mir leid, dass wir uns zerstritten haben» wirkt Wunder, schliesst das Herz des andern wieder auf. Daraus erhellt eine ganz wichtige Erkenntnis: Der Vergebende muss sich ändern! Aber er darf dabei wissen: In dem Mass, in dem ich dem andern vergebe, mache auch ich mich frei! Es gilt, die Schuld loszuwerden, nicht die Würde! Oder wie es Norman Vincent Peale ausdrückt: «Das Aussprechen einer Entschuldigung ist keine Demütigung, sondern ein Zeichen von Reife und Aufrichtigkeit.» Warum tun wir uns so schwer, einander zu vergeben, wo wir doch darauf angewiesen sind, dass auch uns vergeben wird, bestimmt am Ende unseres irdischen Lebens?

Ganz wichtig scheint mir, dass man sich nach einem heftigen Streit, bei dem es Verwundungen gegeben hat, nicht nur vergibt, sondern dass

man die Versöhnung feiert. Das wäre doch ein Grund zu einer festlichen Stunde mit einem guten Tropfen! «Dass wir uns wieder gefunden haben, das finde ich so schön. Wir wollen ein kleines Festchen feiern!» Das Gleichnis vom «Verlorenen Sohn» zeigt uns auf, dass in der Versöhnung göttlicher Geist in uns Menschen wirksam wird.
Es gibt allerdings Menschen, die bloss halbwegs vergeben: «Vergeben will ich dir, aber vergessen werde ich dir das nie!» So geht es nicht! Aus solcher Denkweise wächst auch die Gefahr, dass man sich bei der nächsten Auseinandersetzung aufs neue die «ganze Vergangenheit» vorhält und dass dadurch aus einer kleinen Meinungsverschiedenheit ein gewaltiger Krach resultiert. Darf ich dieses Thema mit einer herzlichen Anekdote abschliessen? Max kommt an den Stammtisch: «Wenn ich einmal spät nach Hause komme, wird meine Frau gleich historisch.» Ein Kollege: «Du meinst wohl hysterisch?» – «Nein, historisch. Sie hält mir nämlich meine ganze Vergangenheit vor!»

Herrgott, hilf!

Manchmal will es einfach nicht mehr gehen. Man ist derart im Innersten verwundet, dass man am liebsten «sterben» oder – noch schlimmer – davonlaufen möchte: «Es hat ja alles keinen Sinn mehr!» Offensichtlich macht sich in einem solchen Moment der Mangel an Liebe be-

merkbar. So wie bei der Hochzeit von Kana der Wein ausging, so kann es auch mit der Liebe geschehen. Da tut es gut, sich an das Wort der grossen Dichterin Gertrud von Le Fort zu erinnern: «Es gibt in alle Ewigkeit nur eine Liebe, und diese stammt vom Himmel.»
Ja, Gott ist die Liebe. Er ist der Ursprung, die Quelle aller Liebe. Gott denkt so gross von der Liebe, dass er die Liebe zweier Menschen bis in alle Ewigkeit segnet. Im göttlichen Geheimnis entdecken wir zugleich die andere Wahrheit: Es gibt keine Liebe ohne Glauben, ohne Glauben keine Liebe. Jasagen zueinander setzt Glauben voraus. Auf das Ja des andern vertrauen heisst an ihn glauben! Glauben, dass er den gleichen Gott zum Schöpfer hat, dass er ein Mensch ist wie du, dass er von Gott geliebt wird wie du!
«Gott will das dunkle Gestern in strahlenden Morgen verwandeln, zuletzt in den leuchtenden Morgen der Ewigkeit.» Auf dieses Wort von Martin Luther King dürfen sich die Eheleute verlassen, auch wenn es in der Ehe dunkel wird. Wer nicht mit Gott – d. h. mit der Liebe – rechnet, der rechnet falsch. Es gibt Momente im Leben, wo nur noch seine Liebe ausreicht, wo wir unsere kleine, zerbrechliche Liebe in seine grosse, unerschöpfliche Liebe legen sollten, damit sie wieder gesund und stark werden kann.
«Herrgott, hilf!» Ein Wort, ein Ruf, eine Bitte, die an die Freundschaft erinnert, die Gott dem Paar bei der kirchlichen Trauung angeboten hat, unwiderruflich und für immer. Ein Angebot, das zählt!

Liebe braucht Zeit und die richtige Nähe

Zeit füreinander

Ich erinnere mich an jenes goldene Brautpaar, das die besten Voraussetzungen für eine glückliche Ehe mit sich brachte. Um so mehr erstaunte es mich, als ich nach 1 1/2 Jahren die Ehefrau am Telefon klagen hörte: «Es geht nicht gut. Ich halte es nicht länger aus. Ich lasse mich scheiden!» – «Das kann und das darf doch nicht sein!» war meine spontane Reaktion, und doch spürte ich den tiefen Ernst in diesem ohnmächtigen Hilferuf. Mit der Zeit erfuhr ich im Gespräch auch den wesentlichen Grund der Krise: «Der Mann hat weder für mich noch für das Kind Zeit. Für alle möglichen Leute hat er Zeit, für uns aber nicht!» Ich empfahl der Frau, deswegen nicht aufzugeben, sondern das Problem mit einem Eheberater zu besprechen, worauf sie weiter klagte: «Das wollte ich, aber der Mann kommt nicht mit!» – «Dann ist es schwierig, den Fall zu lösen. Ihr beide braucht unbedingt das Gespräch», antwortete ich. «Zu Ihnen würde er kommen, hat er mir gesagt», fügte die Frau zaghaft und zugleich fragend bei. Dieser Bemerkung konnte ich entnehmen, dass es auch dem Ehemann daran gelegen war, die Ehe zu erhalten. Nun musste ich nur noch eines wissen: «Lieben Sie Ihren Mann immer noch?» Als ich aus dem Hörer das erwartete Ja vernahm, verein-

barte ich mit der Frau einen Termin für ein Gespräch zu dritt im Pfarrhof.
Die beiden kamen vereinbarungsgemäss an einem Samstag nachmittag zu mir. Es stellte sich rasch heraus, wo und warum der Schuh drückte. Der Mann war als Kleingewerbler sehr stark mit dem Aufbau des Geschäftes engagiert. Doch, was dem Fass den Boden ausschlug, war sein neues Amt als Gemeinderat, in das er sich vor ein paar Monaten ehrenvoll wählen liess, und damit verbunden sein Engagement in der Öffentlichkeit, besonders in verschiedenen Vereinen. Ich verlangte seinen Terminkalender und stellte tatsächlich fest, dass der Mann hilflos ausgebucht war...
«Sehen Sie!» wandte ich mich an den Ehemann, «ob geschäftlich, ob amtlich, ob privat: jede Person, die Sie zu sprechen oder zu treffen wünscht, jeder Verein, der Sie sehen oder hören möchte, bekommt von Ihnen einen Termin, bis der Kalender voll ist. Und dann bleibt für jenen Menschen, der Ihnen am nächsten steht, der Ihnen sogar in Liebe verbunden ist, nichts mehr übrig. Hier liegt das Problem. Finden Sie das richtig? Verstehen Sie jetzt, was Ihre Frau meint?» Er nickte verständnisvoll, schaute zuerst mich an und dann mit einem aufgehenden Lächeln seine Frau.
«Wir wollen dieses Problem lösen, und wir können es», fuhr ich weiter. «Sie sind zurzeit so stark engagiert, dass wir auch Ihrer Frau im Kalender regelmässig einen Termin geben müssen. So wie Sie z. B. 'Herr Meier' und 'Jodelclub' ein-

tragen und sich dafür Zeit nehmen, so wollen wir dies jetzt auch gegenüber Ihrer Frau tun. Sie hat sicher mindestens soviel Recht auf einen Termin wie alle andern, oder nicht?» Schliesslich einigten wir uns darauf, im Terminkalender für Dienstagnachmittag und -abend «Rosmarie» einzutragen. «Und wenn Sie jemand anruft und mit Ihnen etwas am Dienstag abmachen will, dann geben Sie die gleiche Antwort wie in allen andern Fällen: «Leider schon besetzt!»
Dankbar und mit neuem Elan verabschiedeten sich die beiden. Sie hatten auch als Ehepartner die Erfahrung machen dürfen: Die Liebe braucht ihre Zeit!

Zeit für sich selbst

Zu diesem Thema begleitet mich seit langem ein Text, den ich irgendwo einmal gefunden habe; ich weiss aber nicht mehr, woher er stammt:

Zeit für mich selbst

Du brauchst mich.
Ich brauche dich.
Ohne die Nähe eines andern
geht ein Mensch zugrunde.

Die andere Seite:
Zuviel Nähe kann ersticken.
Dann kommt der Hilferuf:
Lass mich doch endlich in Ruhe!

Das heisst nicht:
Ich mag dich nicht mehr.
Das heisst vielmehr:
Ich brauche Zeit für mich,
um wieder für dich dasein zu können.

Die richtige Distanz: Wieviel Nähe brauche ich? Wieviel Abstand tut gut?

Eine Zeitlang erscheint die innige Nähe wie eine grosse Seligkeit. Aber auf die Dauer wirkt sie beengend und führt zu Spannungen oder gar zu emotionalen Explosionen. Also die Frage: Wieviel Nähe brauche ich? Wieviel Abstand tut mir gut? Wie lässt sich das Bedürfnis nach Nähe und Distanz ins Gleichgewicht bringen?
Vielleicht kann uns der Philosoph Schopenhauer mit seiner originellen Fabel zu einer brauchbaren Antwort verhelfen:
Eine Gesellschaft von Stachelschweinen drängte sich an einem kalten Wintertag recht nahe zusammen, um sich durch die gegenseitige Wärme vor dem Erfrieren zu schützen. Bald empfanden sie die gegenseitigen Stacheln als schmerzlich, so dass sie sich erbost voneinander entfernten. Doch wenn das Bedürfnis nach Wärme sie wieder näher zusammenbrachte, wiederholte sich das gleiche Übel, so dass sie zwischen Kälte und Leiden hin und her geworfen wurden, bis sie eines Tages eine vernünftige Entfernung voneinander herausgefunden hatten, in der sie es am besten aushalten konnten...

Was die richtige Distanz im Leben der Schöpfung bedeutet, ersehen wir auch aus der Entfernung der Erde von der Sonne. Wäre die Erde der Sonne um die Hälfte näher, dann würden wir verbrennen. In der doppelten Entfernung würden wir erfrieren. Ähnliche Konsequenz kommt der Distanz in der Ehe zu. Wenn ein Partner den andern ganz vereinnahmt, wenn einer der beiden sich ganz nach dem andern auszurichten hat, wenn einem Ehepartner nicht die Freiheit bleibt, auch sich selber zu sein, sich seinen Begabungen und Interessen zu widmen, seine Hobbys und Neigungen zu pflegen, dann kann dies zu sehr schlimmen Folgen für das Miteinander führen.
Distanz bewahren gilt auch für die persönliche Geheimsphäre des einzelnen Ehegatten. Die Post des andern zu öffnen, in seinem Tagebuch oder in seinen Papieren zu schnüffeln ist grober Vertrauensbruch und Verletzung der Privatsphäre. Es empfiehlt sich sehr, dem Partner die Freiheit zu lassen, sich dem andern anzuvertrauen, wann er es für richtig hält.
In der vernünftigen Distanz führt der Weg über das Du zum Ich. Dann wächst ein Miteinander, das man mit den Worten von Louis Evely so beschreiben kann: «Du weisst besser als ich, wer ich bin. Ich habe mich erst entdeckt, seit ich dich kennengelernt habe. Ich bin nur ich selbst geworden, weil ich dich geliebt habe. Ich fühle mich nur mit dir als ich.»

Das Gespräch zu zweit

«Die meisten Differenzen in der Ehe beginnen damit, dass die Frau zuviel redet und der Mann zuwenig hört.» Auch wenn ich mit diesem Spruch von Curt Goetz noch nicht ins Schwarze treffe, so stelle ich ihn doch an den Anfang meiner Gedanken, weil er uns auf die richtige Spur führt.
Klagen über Klagen kommen auf, wenn man zum Thema «Mer muess halt rede mitenand» stösst, besonders von seiten der Frauen. «Ohne Gespräch wird die Ehe zum Gefängnis», findet eine Eheberaterin. Ich stimme ihr zu.
Eine Frau schreibt: «Vor unserer Ehe haben mein Mann und ich über alles gesprochen, was uns auf dem Herzen lag. Heute – nach acht Jahren Ehe – reden wir nur wenig miteinander. Jeder geht seinem Beruf nach. Unsere Ehe ist sehr langweilig geworden!»
Eine andere Frau drückt ihr Anliegen so aus: «Eigentlich kennt er mich auch nach 19 Jahren Ehe nur wenig. Er schätzt mich, wenn ich zuverlässig, fröhlich und zufrieden bin. Wenn ich jedoch Sorgen und Mühen habe, die mich belasten oder gar traurig und müde machen, wendet er sich ab und verweigert mir jede Zuwendung. Zu einem tieferen Gespräch oder gar zu einer fälligen Aussprache kommt es ganz selten.»
Aus einem andern Brief zitiere ich: «Mit frohem Mut, frischem Elan und innerlich aufgeräumt, kehrte ich vom Besinnungstag zurück. Leider

waren dann die Umstände so, dass niemand Zeit fand, mir zuzuhören, was mir dieser Tag alles gegeben hat. Ganz enttäuscht ging ich dann zu Bett und fand natürlich keinen Schlaf. So begann das Grübeln. Was sich aus dem ganzen Grübeln und Weinen heraus ergab, waren lauter Fragen. Auch mein Mann bleibt seelisch immer mehr stehen. Es besteht sogar die Gefahr der totalen Erkaltung. Er ist zwar beruflich sehr engagiert, bestens orientiert, weitergebildet, aufgeschlossen. Doch immer mehr spüre ich, wie wir uns auseinanderleben. Gefühle werden nicht mehr ernst genommen oder verdrängt, indem man sich in die Arbeit stürzt. Ja, ich bin sehr traurig. Ich fühle mich ganz 'neben der Spur', und doch möchte ich eine gute Partnerin sein. Ich möchte viel Liebe geben, aber alles ist blokkiert. Vielleicht können Sie mir helfen?»

Ein sehr angesehener Arzt schreibt: «Verständen die Menschen – vor allem die Ehepaare – richtig miteinander zu reden und so aneinander zu wachsen und zu reifen, wäre meine Arbeit in der Praxis viel geringer und einfacher.»

Ich verwundere mich immer wieder, wie flüssig das Gespräch unter den Ehepaaren läuft, wenn es um einen Dritten geht, wenn man den Nachbarn, den Gemeinderat, den Bundesrat kritisieren kann. Aber über sich selber zu reden, seine eigenen Anliegen und Probleme vorzutragen, sich innerlich dem andern zu öffnen, das fällt vielen so unendlich schwer. Nicht selten geht man dem Gespräch aus dem Weg, weil man sich den ehelichen Problemen nicht stellen will, weil

dazu der Mut fehlt. Diese unheimliche Stille führt zu unkontrollierten Wutausbrüchen oder zu einer elenden Vereinsamung. Von Tag zu Tag wird man einander fremder. Man zieht sich ins Schneckenhaus zurück. Häufig stellen sich in der Folge körperliche Beschwerden ein wie Magengeschwüre, Herzbeschwerden und ähnliches. Nicht selten stosse ich auch auf Menschen, bei denen deswegen eine Krebskrankheit ausgebrochen ist.

«Das hauptsächlichste Problem – so scheint mir – ist die Schwierigkeit, miteinander zu sprechen», schreibt eine erfahrene Eheberaterin. Merkwürdigerweise betrifft dieses Problem nicht bloss Menschen, deren Ausdrucksfähigkeit vom Beruf her nur wenig gefordert ist, sondern auch solche, die dann sehr beredt sind, wenn es z. B. um Politik, Beruf, Kunst, Wirtschaft usw. geht. Es gibt zu viele Paare, die über alles mögliche miteinander reden können, nicht aber über ihre Partnerschaft und über das, was sich zwischen ihnen abspielt.

Nach jahrelanger Forschungsarbeit stellte James J. Lynch fest: «Die Art der Gesprächsführung ist für unsere Gesundheit ebenso wichtig wie die richtige Ernährung und Bewegung.»

Noch bedeutsamer als das Sprechen ist das Zuhören. Warum ist Zuhören eigentlich so schwer? Meistens antworten wir auf die Sorgen, die uns andere vortragen, sofort mit gutgemeinten Ratschlägen, z. B.: «Das ist doch kein Problem! Das mache ich so und so… und dann ist es weg!» Entscheidend ist aber, wenn es zu einem wirklichen

Gespräch kommen soll, dass man einander zuerst einmal ganz gründlich zuhört, dass man nachfragt und wiederholt, um sich klarzuwerden, ob man den Partner überhaupt richtig verstanden hat. Das bringt weit mehr als eine vorschnelle Belehrung. Vermutlich fällt den Menschen das Zuhören darum so schwer, weil sie selber genug Probleme haben und befürchten, mit den Problemen der andern noch zusätzlich belastet zu werden, statt die Gelegenheit wahrzunehmen, den andern von seinen Sorgen zu befreien und alsdann den Weg zu ebnen, um auch die eigenen Lasten abzuwerfen.

Das Gespräch zwischen den Ehepartnern ist ungeheuer wichtig. Meiner Ansicht nach könnten durch das Miteinander-Reden die allermeisten Eheprobleme gelöst werden. Ich kenne Ehepaare, die regelmässig jede Woche eine Aussprache pflegen.

Es kommt nicht selten vor, dass Ehepaare, die sich in den ersten Jahren sehr gut aussprechen konnten, später dem Gespräch ausweichen und die Probleme überspielen. Sie fürchten sich vor einer in die Tiefe gehenden Aussprache. Sie füllen die für das Gespräch möglichen Zeiträume mit Zeitung, Fernsehen, Radio, Vereinsmeierei aus. Oder sie sorgen für Betrieb, indem sie öfters Freunde und Bekannte als Gäste einladen. Wieder andere reden zwar miteinander, aber sie führen endlose Monologe, weil sie nicht auf die Gefühle und Ansichten des Partners eingehen wollen.

Ehrlicherweise muss auch ich zugestehen: Das echte Gespräch ist gar nicht so leicht. Es braucht nicht bloss Mut und Offenheit, sondern recht viel Übung, weil es ein paar wichtige Spielregeln zu beachten gilt:

- Den andern verstehen wollen
- Den andern ausreden lassen
- Über das Gehörte nachdenken
- Nicht den Beleidigten spielen
- Gemeinsam nach einer Lösung suchen
- Die Ich-Form wählen, besonders in der Kritik
- Nicht uralten Brei aufwärmen
- Nicht bloss klagen, sondern auch anerkennen.

Was der Ehe not tut, ist das Gespräch von Mensch zu Mensch, das Gespräch unter vier Augen. Es setzt voraus, dass wir aufeinander zugehen, zueinander finden, einander ernst nehmen. Ja es setzt voraus, dass jedem Partner das Wohl des andern am Herzen liegt, dass sich nicht nur die Worte treffen, sondern auch die Herzen berühren. Das Gespräch bringt mehr, wenn es nicht als Anklage und Widerklage geführt wird wie vor Gericht, sondern wenn jeder Partner dem andern anvertraut, was ihn bedrückt, was seine Gefühle verletzt, was seine Erwartungen enttäuscht, was ihn so traurig stimmt. Gut tut es, wenn man sich nicht bloss über die negativen Eindrücke ausspricht, sondern auch über die positiven.

Echte Liebe ist bereit, sich mit der Not des andern zu beschäftigen. Die Probleme des einen sind auch die Probleme des andern. «Dein Kum-

mer ist auch mein Kummer, und daher will ich mir Zeit nehmen, um mich mit deinen Sorgen zu beschäftigen.» Wo man sich diese Zeit nicht nimmt, mündet die Ehe vielfach in einen Tiefpunkt: «Wir verstehen uns nicht mehr.» Kein Geringerer als William Shakespeare hat das eindrückliche Wort geprägt: «Der Kummer, der nicht spricht, nagt leise an dem Herzen, bis es bricht.»
Neuerdings wird vom einfachen Zuhören das aktive Zuhören unterschieden. Es bedeutet, dass man nicht nur das wahrnimmt, was ausdrücklich gesagt wird, sondern darüber hinaus, was der andere indirekt mitteilt, durch Mienen oder Gesten oder durch verschlüsselte Formulierungen. Frauen sind wahre Meister der indirekten Mitteilung. Eine Hausfrau, die gegenüber ihrem zeitunglesenden Mann auffällig laut mit dem Geschirr klappert, möchte ihn doch darauf aufmerksam machen, dass er ihr helfen sollte.

Im Alter: Die Liebe neu beleben

Plötzlich sind nur noch die zwei: Frau und Mann. Wenn die Kinder ausgeflogen sind und die tägliche Berufsarbeit ein Ende gefunden hat, verlangt die Beziehung zwischen Mann und Frau eine Wandlung, ansonst wird das Zusammenleben zu einem zermürbenden Nebeneinander. Damit dem «Eros neue Flügel wachsen», braucht es eine neue Einstellung zum Partner, die zu einer noch innigeren seelischen Gemeinschaft führt, in der die Sexualität und die Zärtlichkeit weiterhin ihren Platz haben. Im Eros des Alters steht aber nicht mehr die Sexualität im Vordergrund, sondern die Zärtlichkeit. Manche Ehe, die durch Gewohnheitserotik fad und reizlos geworden ist, kann durch eine solche neue Einstellung zum Partner wieder eine verbindende und frohmachende Anziehungskraft erleben.

Im Alter darf die Liebe nicht sterben, nein! Das gelingt in wunderbarer Weise dort, wo sich die sexuelle Liebe allmählich in die seelische wandelt. Das Geheimnis der Liebe im Alter heisst: EROS. Die zweite Lebenshälfte hat gerade als wesentliche und wichtige Aufgabe, das in frühern Jahren eher etwas vernachlässigte innere Leben der Seele zu pflegen und die mehr verborgene Seite des Menschenlebens zu entfalten. Man spricht nicht ohne Grund vom «goldenen Alter», von «goldener Hochzeit». Die intensive Zuwendung zur Innerlichkeit beginnt mit dem Verzicht, alles nach dem Äusseren beurteilen zu wollen. Die Zweisamkeit äussert sich gegen aussen in einer befreienden Gelassenheit und innerlich in einer immer inniger werdenden geistigen Gemeinsamkeit. So wird die Freude gelöster, heiterer, dankbarer.

Alter ist die Zeit des Charmes – des unsichtbaren Teils der Schönheit –, ohne den niemand wirklich schön sein kann. Wahre Schönheit

kann nicht einfach geschluckt oder aufgetragen werden. Sie kommt vielmehr von innen heraus, und das nennt man eben «Charme». Solcher Charme kann mit den Jahren reifer und tiefer werden und die vergänglichen Vorzüge der Jugend bei weitem ausgleichen. Charme spiegelt sich in den Augen des Partners wider, dem man unbefangen, offen und herzlich begegnet. Dazu kommt: Charme ist ein Wesenszug einer schönen Seele, der weniger zeigt, wie wir aussehen, als wie wir sind!
Alter macht gelassen, weil man es in diesen Jahren endlich aufgeben kann, jemand anders spielen zu wollen, als man wirklich ist. Wo das Seelische von jeher gepflegt und geschätzt wurde, eröffnet sich dem alternden Ehepaar der goldene Herbst der Liebe. Jetzt, wo auch mehr Zeit füreinander zur Verfügung steht, kommt es wirklich darauf an, dass man sich etwas zu sagen hat.
Eine betagte Bauernfrau schrieb mir nach einem Ehevortrag: «Ja, schade, dass wir schon im vorgerückten Alter sind. Aber es lässt sich immer noch viel machen. Sehr vieles, das Sie aufzeigten, schlummerte in mir. Einiges wurde zugedeckt und erstickte, weil es ohne Echo blieb und ich mich für eine Träumerin halten musste. Nun gehe ich wieder frisch ans Werk!»
Ebenso rührend fand ich dieses Echo: «Ich möchte Ihnen von Herzen danken für den prächtigen Vortrag, der einfach war, wie es wirklich ist. Er war einmalig. Hätten wir zwei schon früher so was hören können, wäre uns manches Leid er-

spart geblieben. Aber nur Mut! Es ist nie zu spät, noch manches zu verbessern.»

Die ganz tiefe Liebe, die Körper, Seele und Geist erfasst, finde ich nicht bei den jungverliebten Menschen, sondern eher bei einem betagten Paar, das Hand in Hand daherkommt und aus deren beiden Gesichtern ich lesen kann, dass sie einander mehr als wie Bruder und Schwester verwandt geworden sind. Ich erinnere mich an einen über 80jährigen Mann, der seine Frau stets mit der Bezeichnung vorstellte: «Das ist Klärli, mein Bräutchen!»

Es kommt hie und da vor, dass ich beim 50jährigen Ehejubiläum mit dem Jubelpaar und seinen Angehörigen eine «Hochzeitsmesse» feiern darf. Ich bin davon jedesmal sehr tief berührt, besonders wenn sich die beiden Ehegatten das grosse Ja des Lebens bestätigen. Bei einem solchen festlichen Anlass hat mir der Ehemann anvertraut: «Wenn ich mich heute frage, hat es sich gelohnt, dann möchte ich mit einem klaren Ja antworten. Ich möchte diese gemeinsamen 50 Jahre nicht missen. Ich spüre, dass ich mit dieser meiner Frau weiter auf dem Weg bleiben will. Allerdings weiss ich auch, dass wir nicht einfach über dem Berg sind und die Hände in den Schoss legen können. Liebe muss täglich neu gelebt werden...»

In der Krise: Nicht aussteigen, sondern weiter rudern...

Wenn die Ehe in eine Krise gerät, ist dies noch kein Grund zum Aufgeben, im Gegenteil! Überall, wo Ehepaare diese Durststrecke durchhalten und wieder zueinander finden, gewinnt die eheliche Liebe an Tiefe. Sie wird mehr, als sie vorher war. Das will nicht heissen, dass man sich von seinem Partner alles gefallen lassen muss, sondern dass man die Krise zum Anlass nimmt, über die eheliche Liebe wieder einmal gründlich nachzudenken, sich gegenseitig auszusprechen, nach neuen Wegen zu suchen. Nur in jenen Fällen rate ich zur Trennung bzw. Scheidung, wo sich der andere Ehepartner andauernd weigert, zur Aussprache unter vier oder sechs Augen Hand zu bieten, bzw. wo ihm gar nichts daran gelegen ist, die prekäre Situation zu verbessern.

Wo es die Hilfe eines Dritten braucht, geht man zu einem Menschen, dem beide Partner Vertrauen schenken können, sei es ein Verwandter, eine befreundete Person oder ein Seelsorger. Wenn diese Versuche nichts nützen, sucht man am besten eine Eheberatungsstelle auf. Die meisten Ursachen, die zur Ehekrise führen, sind: mangelhaftes Verständnis – Unfähigkeit zu konstruktiven Problemlösungen – Unzufriedenheit mit der Sexualität – in neuester Zeit auch das geänderte Rollenverhalten von Mann und Frau. Hilfe ist vor allem dann möglich, wenn beide

Partner gemeinsam den Konflikt-Ursachen nachgehen wollen und bereit sind, sich und ihren Lebensstil zu ändern. Hilfeleistung erweist sich dann besonders schwierig, wenn jeder Partner vom Berater bloss eine Bestätigung erwartet, dass er oder sie «recht» hat und es «richtig» macht.

Ich habe den bestimmten Eindruck, dass heute zu schnell und zu leichtfertig geschieden wird und dass die nachteiligen langwierigen Folgen zu wenig bedacht werden. Jede Scheidung ist ein kleiner Tod, ein sehr schmerzlicher Schritt, bei dem das schwächste Glied an der Unglückskette am stärksten betroffen ist: das Kind, die Familie.

Trotzdem sich die jungen Paare erlauben, zuerst «auf Probe zu leben», hat die Zahl der Scheidungen nicht ab-, sondern zugenommen. Das zeigt doch, dass die Werte falsch gesetzt sind. Langzeitstudien zur Auswirkung von Scheidungen auf die Kinder zeigen, dass diese weit traumatischer sind als angenommen, vor allem weil die Vaterbeziehung meist auf die Dauer beschädigt bleibt. Aus den USA weiss man z. B., dass 70 Prozent aller Jugendlichen in Straf- und Erziehungsanstalten aus vaterlosen Familien kommen.

Wichtig ist aber, dass man der Krise nicht allzulange ausweicht, sondern rechtzeitig etwas zu ihrer Lösung unternimmt. Noch empfehlenswerter ist es, dass man es gar nicht zu einer schweren Krise kommen lässt, indem man sich in der Ehe weiterbildet, sei es durch Schriften,

Vorträge, Weekends oder Ehewochen. Das Angebot, das es zu nutzen gilt, ist sehr reichhaltig und vielfältig. Liebe muss man lernen! Um dieses Bemühen kommt niemand herum.

Es ist nie zu spät!

Wie freute ich mich über folgende Zeilen: «Schon sehr lange hatte ich bemerkt, dass wir – mein Mann und ich – in unserer tiefen Einsamkeit abgekapselt waren. Wir waren einfach gute Freunde, für viele sogar ein ideales Paar. Beide waren wir ein Produkt der Erziehung, mit einer relativ hohen Hemmschwelle: 'Über das Schlafzimmer spricht man nicht.' Zweimal habe ich über das Problem mit dem Frauenarzt gesprochen und bin trotzdem auf keinen grünen Zweig gekommen. Ihr Glückwunsch, «dass Eure Liebe wachse wie der Mond», hat mich sehr berührt. Ich hatte Hemmungen, Ihre Zeilen meinem Mann zu zeigen, denn 'der Mond' war noch nicht am Wachsen. Vor kurzem habe ich ihm Ihre guten Wünsche gezeigt; er hatte Tränen in den Augen. Ja, er braucht viele Streicheleinheiten. Ich auch, aber ich bekomme einiges von meinen Verwandten. Er hat Streicheleinheiten in seiner Familie nicht gekannt. Ich versichere Ihnen, dass ich ihm diese Streicheleinheiten geben werde und sehr behutsam mit dieser neuen und doch guten alten Liebe umgehen werde. Es ist wie ein Wunder, was da plötzlich mit uns geschehen ist und uns beide so glücklich macht.»

Es ist erfreulich, dass allmählich die Formen von Macht, Unterdrückung und der einseitigen Vorrechte durch das partnerschaftliche Prinzip abgelöst werden. Diese Bewegung erfasst alle sozialen Bereiche, so auch die Ehe. Partnerschaft bedeutet Gleichwertigkeit trotz aller Verschiedenartigkeit. Es geht vor allem um den Respekt gegenüber Menschen in der scheinbar oder tatsächlich schwächeren Position: Frau, Kind, Untergebener. Es leuchtet allerdings bei weitem noch nicht allen Menschen ein, dass Partnerschaft für beide Teile mehr bringt als Gewalt, nämlich: Entlastung von Stress und krampfhaftem Sich-Behaupten, dafür: Sympathie und Liebe.

III. Teil: Die geistige Liebe

So bedeutsam die sinnliche und die seelische Liebe auch sein mögen, so reichen diese beiden Grössen allein noch nicht aus, die eheliche Verbindung zu erhalten und zu beleben, dass sie wächst, sich festigt und zu jener Erfüllung findet, die sich der Schöpfer ausgedacht hat. Es muss noch eine dritte Liebeskraft dazukommen, die wir die «geistige Liebe» oder «Agape» nennen. In dieser weiss sich der Mensch von Gott geliebt. Aus dem ewigen, unbedingten Geliebtsein empfängt der Mensch die Kraft zur Treue, zum Durchhalten, zum Verzichten, zur Versöhnung, zur Hingabe. Daraus folgt: Aus der Liebe der Frau zum Mann und aus der Liebe des Mannes zur Frau erwächst eine dritte Dimension: eine geistige.
Der grosse Philosoph Friedrich Nietzsche umschreibt die geistige Liebe mit folgenden Worten: «Ehe: das nenne ich den Willen, zu zweien das eine zu schaffen, das mehr ist als die beiden, die es schufen.» Antoine de Saint-Exupéry, der Verfasser des berühmten Buches «Der kleine Prinz», ergänzt: «Die Liebe besteht nicht darin, einander in die Augen zu schauen, sondern auf ein gemeinsames Ziel hin!» Ja, man spannt doch nur dann auf die Dauer zusammen, wenn man ein gemeinsames Ziel hat. Tüchtig und andauernd gezogen wird aber wohl nur dann, wenn es

etwas zu erreichen gibt, das von einem unbestreitbaren, dauernden Wert ist. Der Bau eines eigenen Hauses genügt dazu nicht, auch nicht ein Super-Auto und noch weniger ein Ferienhaus. Nein, die Liebe zweier Menschen sollte dazu beflügeln, in der Welt gemeinsam Werke der Liebe zu schaffen: lebendige, unvergängliche Denkmäler! Diese tragende Aufgabe kommt im hochzeitlichen Segen ganz deutlich zum Ausdruck, und zwar in zweifacher Hinsicht: «Gott segne euch und eure Kinder, er gebe euch treue Freunde und den Frieden mit allen Menschen» und «Seid in der Welt Zeugen der göttlichen Liebe und hilfsbereit zu den Armen und Bedrückten, damit sie euch einst in den ewigen Wohnungen empfangen!»
Wirklich lieben heisst: «Ich bin für dich da!» So spricht es Gott zu uns, und so geben wir dieses Wort einander weiter! Wo sich die Liebe zweier Menschen getragen und geborgen weiss von der alles umfassenden Liebe Gottes, da reift die geistige Liebe heran und drängt, über die Zweisamkeit hinaus zärtlich zu werden. Was daraus wächst, leuchtet auf und erwärmt die Herzen der Menschen. Die Geborgenheit, welche die Welt sucht, kann nur von Menschen ausstrahlen, die selber in der Geborgenheit leben. Beim gemeinsamen Ziel, das sich ein Ehepaar setzt und das wirklich durchs Leben trägt, geht es letztlich darum, gemeinsam Zeugen der Liebe Gottes in der Welt zu sein. Dieser Weg ist es, der Frau und Mann enger zusammenbindet und sie als Duo zu den Menschen und zu Gott führt.

Was hat denn Gott mit der Ehe zu tun?

Vom französischen Dichter Paul Claudel stammt der Ausspruch: «Liebe ist ein Versprechen, das nicht gehalten werden kann.» Hat er recht? Ja, wenn ich bloss die zwei Menschen sehe, die sich entschliessen, für immer und für ganz einander zu lieben, zu tragen und zu ertragen. Aus dieser beschränkten Sicht heraus wäre es ehrlicher, wenn man einander bloss versprechen würde: «Ja, aber nur, solange ich mag…» Eine im christlichen Glauben verankerte Ehe fusst aber nicht bloss auf der Zusage zweier Menschen, sondern gleichzeitig auch auf dem grossen Ja, das Gott zum Liebespaar spricht. «Wir sagen ja zueinander und Gott sagt ja zu uns!» Mit diesem kurzen Satz ist das ganze Wesen einer christlichen Hochzeit umschrieben und das Geheimnis der Ehe angedeutet.
Wenn wir uns das Gottesbild vor Augen halten, wie es aus der Heiligen Schrift hervorgeht, so wird uns doch klar, dass Gott die Liebe ist und dass jede menschliche Liebe letztlich aus der göttlichen Liebe des Schöpfers lebt. Wo Gott ist, da ist Liebe. Wo Liebe ist, da ist Gott! Wenn die Verbindung zweier Menschen wirklich von der Liebe getragen werden soll, dann kommt sie nicht ohne den Urgrund und die Quelle der Liebe aus. Nein, es liegt sogar auf der Hand, dass der Fluss der Liebe versiegt, wenn er keine Verbindung zur Quelle hat…

Am liebsten möchte ich diese Erkenntnis in einem Bild ausdrücken: Die beiden Ehepartner begeben sich mit einem Segelboot auf die Reise über das weite Meer des Lebens. Wenn sie miteinander vorwärts kommen wollen, dann müssen sie darauf achten, dass sie den Wind in die Segel bekommen. Diesen Wind in den Segeln vergleiche ich mit dem Geist Gottes, dem Geist der Liebe. Einander glauben, aufeinander vertrauen, aufeinander hoffen, einander lieben bekommt erst dann jene intensive Lebenskraft, wenn sie vom Geist Gottes getrieben wird: «So wie ich euch liebe, so sollt auch ihr einander lieben», spricht Jesus Christus.
Wenn ein Ehepaar erkennt, dass es sich bei ihnen nicht nur um Mann und Frau handelt, sondern um Schwester und Bruder von Jesus Christus, und dass Gott mit seiner Liebe in ihren Seelen wohnen möchte, dann tauchen so wesentliche Gemeinsamkeiten auf, dass das Anderssein des andern nicht mehr stört, sondern bereichert, dass negative Empfindungen durch eine grosszügige Toleranz aufgelöst werden.
Die Ehe ist ja kein «Spaziergang», sondern ein gemeinsamer Gang durchs Leben mit allen Höhen und Tiefen, allen Freuden und Leiden. Ohne den Geist der Liebe, d.h. den Geist Gottes, schaffen wir es nicht, auf jeden Fall nicht so, dass die Ehe zum Sonntag des Lebens wird.
Wenn zwei Menschen sich trauen, sich ver-trauen und sich darum trauen lassen, spüren sie deutlicher als sonst, dass das Leben im Grunde genommen ein tiefes Geheimnis ist, das nur von

Gott her aufgeschlossen werden kann, weil das Geheimnis «die Liebe» heisst und weil Gott die Liebe ist. Zwei Menschen getrauen sich gemeinsam auf den Weg. Sie versprechen sich auf immer, schenken sich einander ganz, zählen aufeinander, freuen sich miteinander. Ihre grosse Hoffnung ist es, dass ihr Bund ewigen Bestand hat. Mit diesem «ewig» reichen ihre Herzensgedanken über sich selber hinaus. So strecken sie die Hand aus nach dem, der ewig ist, nach dem, der Liebe ist, nach Gott.

Den Hochzeitstag in Erinnerung behalten

Zur ehelichen Liebe gehören drei: die zwei Liebenden und Gott, der die beiden mit seiner Liebe verbindet. Hochzeit ist ein Sakrament, eine heilige Handlung, in welcher Gottes Wirken in einer tiefsinnigen Symbolik zum Ausdruck kommt.
Zuerst schenken sich die beiden Partner vor allen Anwesenden und vor Gott das grosse Ja. Sie versprechen sich, in guten und schlechten Zeiten, in Gesundheit und Krankheit die Treue zu halten, einander zu lieben, zu achten und zu ehren, solange sie leben. Alsdann stecken sie sich gegenseitig die gesegneten Ringe an und erklären dazu: «Nimm diesen Ring und trag ihn als

Zeichen meiner Liebe und Treue.» In der dritten Zeremonie kommt der sakramentale Charakter ganz deutlich zum Ausdruck: Braut und Bräutigam reichen einander die Hand. Der Priester bindet seine Stola um die verschlungenen Hände des Brautpaares, hält seine Hand darauf und erklärt feierlich: «Im Namen Gottes und im Auftrag der Kirche bestätige ich den Ehebund, den Sie beide heute geschlossen haben. Gott, der euer Ja heiligt, ist treu. Er wird zu euch halten, euren guten Willen stärken und eure Liebe vermehren. Euch alle, die ihr das Brautpaar zur Hochzeit begleitet, nehme ich als Zeugen dieses heiligen Bundes und erkläre: Was Gott verbunden, das soll der Mensch nicht trennen...»
Es tut gut, sich immer wieder an diese heilige Stunde zu erinnern, sich zu vergegenwärtigen, was man in jenem Augenblick erlebt und einander versprochen hat und dass man jederzeit auf «den Dritten im Bunde» zählen darf, ja dass die gegenseitige Liebeszusicherung nicht nur gegenüber dem Partner abgegeben worden ist, sondern auch gegenüber Gott. Weil der eigentlichen Trauung innerhalb der Hochzeitsfeier das entscheidende Gewicht zukommt, finde ich es angezeigt, dass die Brautleute die gegenseitigen Zusicherungen persönlich aussprechen und sich nicht einfach auf die Frage des Priesters mit einem «Ja» begnügen. Ich erfahre immer wieder, wie sehr es die zwei Menschen bewegt, ja erschüttert, wenn sie sich durch ihr unmittelbares Mitwirken, ihre persönliche Aussage ganz und gar bewusst werden, was mit «Ehe» gemeint ist.

Eine ganz gute Idee finde ich es, wenn das Paar Jahr für Jahr zu jener Kapelle oder Kirche zurückkehrt, wo es seinerzeit Hochzeit gefeiert hat, und Hand in Hand die Liebe aufs neue bestätigt, vielleicht sogar im Beisein der Kinder. Es ist dies dann auch eine gute Möglichkeit, unterwegs einander offen zu sagen, was einen am andern erfreut und was eventuell den gehegten Erwartungen nicht entspricht.
Nicht weniger sinnvoll und fruchtbar ist es meines Erachtens, wenn das 10., 25., 50. oder 60. Ehejubiläum nicht nur in einer weltlichen, sondern auch in einer kirchlichen Feier begangen wird. Jedesmal, wenn ich bei einer solchen «Veteranen-Feier» dabeisein darf, berührt es auch mich sehr tief. Als Zelebrant umwinde ich jeweilen die ineinandergelegten Hände mit der Stola, lege meine Hand darüber wie seinerzeit an der Hochzeitsfeier und spreche das eindrückliche Segensgebet: «Herr und Gott. Wir preisen deinen Namen, denn du hast dieses Ehepaar in guten und bösen Tagen mit deinem Schutz begleitet. Schenke ihm die Fülle deines Heiles. Segne dieses Jubelpaar, das mit seinen Kindern, Enkeln, Verwandten und Freunden gekommen ist, um dir zu danken. Wir bitten um die Gnade, dass diese Ehegatten dich in frohen Tagen loben, in der Trauer bei dir Trost finden und in der Not deine Hilfe erfahren. Gewähre ihnen ein hohes Alter in Gesundheit, schenke ihnen Weisheit des Herzens und Stärke des Glaubens. Und gib ihnen einst die Vollendung in deiner Herrlichkeit. Amen.»

Eine weitere Möglichkeit, den bronzenen, silbernen, goldenen oder diamantenen Hochzeitstag würdig zu feiern, bietet sich innerhalb des pfarreilichen Sonntagsgottesdienstes an, in welchen die oben besprochene Zeremonie eingebaut wird und wo sich die ganze Gemeinde mitfreut.

Sich lieben heisst...

Nirgendwo können wir es so gut erfahren, was echte, tiefe Liebe ist, wie bei Jesus Christus. Seine Botschaft ist die beste Grundlage der ehelichen Partnerschaft und seine Freundschaft wohl die beste geistige Begleitung. Sein Wort und sein Leben zeigen uns, was Liebe ist, jene Liebe, die den ganzen Menschen erfasst, Körper, Seele und Geist. Er ist der eindrücklichste Zeuge der Liebe Gottes zu uns Menschen, jener Liebe, die keine Vorbehalte, keine Grenzen kennt, die versöhnt und Frieden stiftet, die eint und trotzdem frei macht.

Wenn heute so viele Ehen darunter leiden, weil man sich auf die Dauer nicht mehr trägt und erträgt, dann liegt dies sehr oft darin, dass die Liebe zueinander nicht mehr von der Liebe zu Gott getragen wird. Aus einem Brief zitiere ich: «Schon lange hatte ich bemerkt, dass wir – mein Mann und ich – immer einsamer wurden. An unserer Hochzeitsfeier sagte der Traupriester, dass wir Jesus Christus immer als den Dritten im Bunde betrachten sollen. Jetzt haben wir ihn wieder entdeckt. Obwohl wir ihn jahrelang ausgeschlossen hatten, blieb er bei uns…»

Die Erfahrung lehrt, dass die Sehnsucht nach Liebe grösser ist als die Fähigkeit, einander Liebe zu geben. Die Erwartungen in der Ehe sind sehr gross, die Enttäuschungen noch viel grösser. Da tut es gut, nicht nur im Herzen des Partners zu sein, sondern sich ebensosehr in den unendlich liebenden Armen Gottes zu fühlen. Die Ehe schliessen vor und mit Gott, das heisst sich geborgen wissen in etwas, das grösser ist als das Grösste und liebenswerter als das Liebste. Wenn ein Ehepaar mit seiner menschlichen Liebe oder Treue am Ende zu sein scheint, so ist damit die Treue und Liebe Gottes zum Paar noch immer da. Der «Umweg» über Gott ist oft der nächste Weg, um wieder ganz zueinanderzufinden.

Die Treue gehört zur Liebe. Ja sie ist die Frucht der Liebe. Sie ist die Antwort auf die Liebe. Erst die Geborgenheit in Gott macht möglich, was jeder Mensch im Grunde genommen ersehnt: Treue. Wo zwei Menschen sich aus freiem Ja das Sakrament der Ehe spenden, bekunden sie ihren Willen, ein lebendiges Abbild der Treue Gottes zu uns Menschen zu sein. Der heutige Hang zur Bindungslosigkeit kann nur aufgefangen werden durch den Glauben an jenen Gott, der vorbehaltlos auf uns eingeht, der uns seine Hilfe anbietet, niemals einen Menschen aufgibt. Viele Ehen würden nicht scheitern, wenn der

Trennung nicht eine Krise des Glaubens vorausgegangen wäre…

Während einer tiefen Ehekrise wurden die folgenden Zeilen geschrieben: «Manchmal erscheint mir dir Trennung als alleiniger Ausweg. Doch haben wir am Traualtar vor Gott ja zueinander gesagt. Ich denke auch ganz besonders an die Kinder, die am meisten betroffen sind. Ich bete zusammen mit ihnen, dass wir nicht gefühllos werden für Stunden, die das Schlimmste wenden könnten, auch dass wir nicht kraftlos werden, wenn Verzeihen geboten ist. Ich bete um die Kraft und Einsicht und um die Bewahrung unserer Ehe. Ich bete auch um ein wenig Liebe, ohne die ich nicht leben kann…»

Der zärtliche Gott

Das grosse Geschäft mit der Liebe läuft auf Hochtouren. Was heute alles angeboten wird als Ersatz für die wahre Liebe, kennt keine Grenzen: Film, Video, Telephon, Illustrierte, Bücher, Sexartikel usw. Gerissene Geschäftsleute haben die grosse Marktlücke entdeckt und verdienen dabei Millionen. Aber weil es sich dabei bloss um «Ersatz» handelt, vermag die käufliche Liebe keine Erfüllung zu schenken, sondern lässt die eigentliche Not noch viel schwerer werden. Ich höre aus dem wirbelnden Geschäft mit der Liebe

einen Schrei nach Zärtlichkeit, einen Schrei, der nicht verstummen will.
Zärtlichkeit ist das Wunder der Liebe, das sich in Worten, Gesten und Gebärden – in einer reichen, unabsehbaren Vielfalt ausdrückt. Wenn der eine denkt «Ich hab' dich lieb», so bleibt dies ein Gedanke, der wirkungslos untergeht, weil er sich dem Partner nicht mitteilt. Aber wo können wir die Zärtlichkeit lernen? Wer öffnet uns die Tür zum märchenhaften Schloss? Wo finden wir Anstoss zu liebender Zärtlichkeit. In der Bibel? Ja! Lesen Sie bitte:

Bei Lukas:

«Jesus ging in das Haus eines Pharisäers, der ihn zum Essen eingeladen hatte, und legte sich zu Tisch. Als nun eine Sünderin, die in der Stadt lebte, erfuhr, dass er im Haus des Pharisäers bei Tisch war, kam sie mit einem Alabastergefäss voll wohlriechendem Öl und trat von hinten an ihn heran. Dabei weinte sie, und ihre Tränen fielen auf seine Füsse. Sie trocknete seine Füsse mit ihrem Haar, küsste sie und salbte sie mit dem Öl. Als der Pharisäer, der ihn eingeladen hatte, das sah, dachte er: Wenn er wirklich ein Prophet wäre, müsste er wissen, was das für eine Frau ist, von der er sich berühren lässt; er wüsste, dass sie eine Sünderin ist. Da wandte sich Jesus an ihn und sagte: Simon, ich möchte dir etwas sagen. Er erwiderte: Sprich, Meister! Jesus sagte: Siehst du diese Frau? Als ich in dein

Haus kam, hast du mir kein Wasser zum Waschen der Füsse gegeben; sie aber hat ihre Tränen über meinen Füssen vergossen und sie mit ihrem Haar abgetrocknet. Du hast mir zur Begrüssung keinen Kuss gegeben; sie aber hat mir, seit ich hier bin, unaufhörlich die Füsse geküsst. Du hast mir nicht das Haar mit Öl gesalbt; sie aber hat mir mit ihrem wohlriechenden Öl die Füsse gesalbt. Deshalb sage ich dir: Ihr sind die vielen Sünden vergeben, weil sie mir so viel Liebe gezeigt hat.»

Oder bei Matthäus:

«Als Jesus in Betanien im Haus Simons des Aussätzigen bei Tisch war, kam eine Frau mit einem Alabastergefäss voll kostbarem, wohlriechendem Öl zu ihm und goss es über sein Haar. Die Jünger wurden unwillig, als sie das sahen, und sagten: Wozu diese Verschwendung! Man hätte das Öl teuer verkaufen und das Geld den Armen geben können. Jesus bemerkte ihren Unwillen und sagte zu ihnen: Warum lasst ihr die Frau nicht in Ruhe? Sie hat ein gutes Werk an mir getan. Amen, ich sage euch: Überall auf der Welt, wo dieses Evangelium verkündet wird, wird man sich an sie erinnern und erzählen, was sie getan hat.»

Es ist eine ganz erstaunliche Geschichte. Ohne jedes Wenn und Aber. Überall auf der Welt, wo die Frohe Botschaft verkündet wird, soll auch von dieser zärtlichen Salbung durch die Hände einer Frau die Rede sein. Für diese zärtliche Frau wollte Jesus weltweit ein lebendiges Denkmal setzen. Diese zärtliche Begegnung – sie ist es, die verdient, bis an die Grenzen der Erde getragen zu werden – zeigt uns den echten Christus auf, den Gesalbten, wie sein Name sagt.

Uns selbst nennen wir Christen, das heisst: Gesalbte. Schon von daher hätten wir allen Grund, nicht nur über die Zärtlichkeit biblisch nachzudenken, sondern vor allem zärtlich zu handeln, zärtlich zu sein. Der Christ als «Hörer des Wortes» sollte in jedem Fall auch zum «Täter des Wortes» werden. Tatorte der Zärtlichkeit kann es nie genug geben. Ja, es gibt sie immer noch viel zu wenig, vor allem in der Ehe. «Selig die Zärtlichen» – auch das ist ein Stück Bergpredigt.

Wenn das Vaterunser uns lehrt, um das tägliche Brot zu bitten, dann meint diese Bitte sicher das Brot, das unser Körper zum Leben braucht. Sollte man diese Bitte des Herrengebetes nicht auch in dem Sinne sprechen, dass sie das Gebet um das Brot der Zärtlichkeit miteinschliesst?

Selig die Zärtlichen
(Bergpredigt für Ehepaare)

Selig, die aufmerksam sind und
   dem andern zuhören;
   sie werden immer mehr zueinander gehören.
Selig, die eigene Schwächen akzeptieren
   und die des andern zu verstehen suchen;
   sie werden Angst abbauen
   und Vertrauen gewinnen.
Selig, die über sich selbst lachen können;
   sie werden frei und gelöst mit anderen leben.
Selig, die sich immer mehr einfühlen
   in den anderen;
   ihre Liebe geht unter die Haut.
Selig, die sich öffnen für die Eigenarten
   des andern;
   sie werden überrascht eine neue Welt
   wahrnehmen.
Selig, die sich trotz aller Enttäuschungen
   treu bleiben;
   Gott hält zu ihnen und
   schaut sie freundlich an.
Selig, die sich mit all ihren Sinnen liebkosen;
   im Reigen der Sinne ist Gott mit im Spiel.
Selig, die sich hingeben, um den Partner
   glücklich zu machen;
   sie werden dankbar seine Liebe spüren.
Gott liebt die Zärtlichen.
   Er nimmt sie in Schutz wie ein guter Freund.

Sonntag – Tag der Liebenden

Kein Geringerer als der grossartige Maler und Künstler Marc Chagall führt uns mit seinem Bild «Dimanche – Sonntag» auf einem neuen Weg zur «Brücke, welche die Menschen miteinander verbindet», damit sie sich nicht aus den Augen, nicht aus dem Herzen verlieren. Für ihn bedeutet der Sonntag nicht nur «Tag der Erinnerung» an das, was Gott für uns Menschen getan hat, nicht bloss «Tag der Hoffnung» auf die uns von Gott zugesagte Zukunft, sondern vor allem und nicht zuletzt «Tag der Liebe» – Tag des Zeithabens füreinander. Deshalb dürfen in seinem Gemälde vom «Sonntag» die Liebenden – Kopf an Kopf, zärtlich umschlungen, der Geliebten Blumen darbietend, ganz ineinanderfliessend – nicht fehlen. Der Sonntag will mehr Zeit auch zum Miteinander in Gespräch und Zärtlichkeit geben.

Marc Chagall gelingt es, die Tiefen des Geheimnisses des Sonntags auszuloten, indem er mit Zeichnung und Farbgebung aufzeigt, dass alle Liebe dieser Erde, alle menschliche Liebesfähigkeit uns von oben zukommt, von dem, der uns zuerst geliebt hat, der im Tiefsten seines Wesens «Liebe» ist und damit die Quelle aller Liebe.

Pfarrer Klaus Mayer fügt im empfehlenswerten Bildband «In dir sind wir geborgen» (Echter Verlag) der Bildbetrachtung ein paar tiefe Gedanken hinzu: «Gottes Liebe erwidern wir im sonntäglichen Gottesdienst und in der Liebe zu-

einander. Unsere Liebe nimmt im Aufsteigen zu Gott nicht ab, sondern zu. Der Liebesstrom wird breiter, weil er alles hineinnimmt, was Gott liebt. Von Gott her strömt Liebe in unsere Welt und Erdenzeit.
So erzählt das Bild 'Dimanche' von dem Geheimnis des Sonntags, von Heiligkeit und Liebe, Ruhe und Freude, Gottesdienst und beglückendem Miteinander, von Gottes Liebe zu uns, seinem Liebesbund mit uns und von unserer Liebe zu ihm. Das erst macht den Sonntag zu dem, was er sein will: zu einem von göttlichem Licht durchfluteten, dem Leben dienenden Tag.»

Wie weit sind wir Menschen des 20. Jahrhunderts von dieser grossartigen Idee des Schöpfers abgekommen! Kein Wunder, dass dabei auch die Liebe in der Ehe zu kurz kommt. Aus eigener Erfahrung weiss ich, wieviel meiner Frau und mir der gemeinsame sonntägliche Gottesdienst gegeben hat. So vieles, das sich aufgestaut, nicht weniges, das sich im Lauf der Woche an Lieblosigkeit oder Liebesmangel aufgetürmt hatte, löste sich auf und machte einer neuen Lust zur Liebe Platz, wenn wir zu Beginn des Gottesdienstes unserer persönlichen Schuld bewusst wurden und von Gott Vergebung erfahren durften. Lag es da nicht auf der Hand, auch gegenseitig aufzuräumen und zu verzeihen? Als zweiäugigen Christen war uns mehr als klar, dass Gott an seine Vergebung die Bedingung knüpft, dass auch wir Menschen uns gegenseitig von Sünde und Schuld lossprechen.

Wer sich nicht bloss Christ nennt, sondern als Christ zu leben versucht, der kommt ja am Hauptgebot der Liebe nicht vorbei: Du sollst Gott und deinen Nächsten lieben wie dich selbst! Also: Liebe zu IHM, zum Mitmenschen und zu sich selber. Dieses Liebesgebot zieht sich wie ein roter Faden durch die «Frohe Botschaft» und mündet in der Ermahnung, dass vor Gott nur das als «gut» zählt, was aus Liebe geschieht. Der heilige Paulus drückt diese göttliche Bedingung deutlich aus. Nehmen wir uns doch immer wieder die Mühe, sein «Liebeslied» zu lesen und uns zu Gemüte zu führen:

«Wenn einer alle Sprachen der Menschen und
sogar der Engel spricht, aber keine Liebe hat,
ist er doch nur ein dröhnender Gong oder
eine lärmende Pauke.
Wenn einer göttliche Eingebungen hat
und alle Geheimnisse Gottes kennt,
wenn er den Glauben hat, der Berge versetzt,
aber ohne Liebe ist,
hat das alles keinen Wert.
Wenn einer seinen ganzen Besitz verteilt
und den Feuertod auf sich nimmt,
aber die Liebe nicht hat, ist alles umsonst.
Wer liebt, hat Geduld.
Er ist gütig und ereifert sich nicht,
er prahlt nicht und spielt sich nicht auf.
Wer liebt, ist nicht taktlos, selbstsüchtig und
reizbar.
Er trägt keinem etwas nach.
Er freut sich nicht, wenn der andere Fehler

macht, sondern wenn er das Rechte tut.
Wer liebt, gibt niemals jemanden auf.
In jeder Lage vertraut und hofft er für ihn.
Alles nimmt er geduldig auf sich.
Alles wird aufhören,
nur Glaube, Hoffnung und Liebe nicht.
Diese drei bleiben.
Aber die Liebe steht am höchsten.»

Das Wort Gottes jeden Sonntag aufs neue zu vernehmen und darüber nachzudenken und es ins Leben der Ehe zu übersetzen ist eine sehr heilsame Hilfe.
Doch ohne Verwandlung unserer Herzen geschieht nichts, und wir gehen zur Kirche hinaus, wie wir hineingekommen sind. Darum will uns die «Wandlung» zum Höhepunkt der sonntäglichen Feier führen, die in unsere persönliche Bitte ausmünden sollte: «Lieber Gott, verwandle nicht nur Brot und Wein, sondern auch mich, damit ich dir immer ähnlicher werde, ganz besonders in der Liebe!» Immer wieder frage ich mich, warum denn so viele Ehen scheitern. Liegt es vielleicht daran, dass die beiden Partner das Wunder der Verwandlung gar nie erfahren haben? Liebe ist mehr als ein Gefühl. Liebe ist der Wille und das Wunder zur Verwandlung.
Wenn man ehrlich mit sich selber ist, dann wird einem stets aufs neue bewusst, wie sehr unser guter Wille gefährdet ist und wie schnell er im Getriebe des Alltags untergeht. Darum brauchen wir Stärkung. Die Kraft, den Geist Gottes, den Geist der Liebe bietet uns Gott in der heili-

gen Kommunion an. Sobald der Glaube konkret ins Bewusstsein dringt, dass wir im heiligen Brot Jesus Christus nicht nur begegnen, sondern ihn in uns aufnehmen, also auch seine unermessliche und unerschöpfliche Liebe, dann schwindet die Gleichgültigkeit, die Hilflosigkeit, die Ohnmacht in der ehelichen Liebe. Mit jedem Schritt, den wir Gottes Liebe näherkommen, erstarkt unsere Liebe zum Partner.
So gesehen wäre der sonntägliche Gottesdienst nicht einfach ein «Muss» oder etwas, das man auch im «Wald» erleben kann, sondern er würde zur zentralen Mitte unseres Liebeslebens. Und wenn wir uns vorstellen, dass anschliessend die sonntägliche Ruhezeit zum Miteinander benutzt würde, dann leuchtet doch ein, um wieviel unsere eheliche Liebe durch den Sonntag gewinnen könnte!

Zum Schluss

Es mögen bald 20 Jahre vergangen sein, seitdem ich mit ein paar Frauen und Männern zusammensass und wir uns in mehreren Gesprächsabenden über die Ehe unterhielten, um schliesslich den Text zu fünf Thesen herauszuschälen, die uns für eine Ehe, die diesen Namen wirklich verdient, wichtig schienen. Ich stehe heute noch dazu und nenne sie

die goldene Regel:

- Ehe ist Partnerschaft; sie nimmt den andern ganz an und lässt ihm zugleich die Freiheit, die er braucht, um sich selbst zu sein. Die partnerschaftliche Ehe ist das Grundmodell für das menschliche Zusammenleben.
- Ehe ist eine bleibende Aufgabe, an der immer wieder neu begonnen werden muss. Um Konflikte überwinden zu können, braucht es nicht nur Liebe, sondern auch Tapferkeit.
- Ehe ist *die* Form der Partnerschaft, in der sich Liebe und Sexualität am besten verbinden lassen. Gegenseitige Treue ist kein unnatürlicher Zwang, sondern Vollendung menschlicher Liebe in Freiheit.
- Ehe erstarkt nicht in erster Linie dadurch, dass man die äusseren Formen ändert, son-

dern indem man die seelische Partnerschaft vertieft. Eheberatung und Weiterbildung bieten dazu wertvolle Hilfe.

- Das Zusammenleben in Ehe und Familie wirft immer neue Probleme auf. Wer Sinn und Geheimnis des menschlichen Lebens von Gott her zu deuten versucht, darf vertrauensvoll hoffen, auf seine Fragen Antwort zu erhalten.

Ich freue mich sehr, dass diese «Goldene Regel» keineswegs veraltet ist, sondern neu an Aktualität gewinnt. Nach den neuesten und umfassendsten Trend-Umfragen stehen bei den Jugendlichen Ehe und Familie in der Rangordnung der Werte wieder ganz oben. Auf die Frage «Wie wird man glücklich?» werden an erster Stelle genannt: Liebe, Treue, Verständnis, Kinder und erst an fünfter Stelle die Sexualität. Die Zeichen der Zeit deuten klar auf die wiedererwachte Sehnsucht nach einem festen Partner und nach Kindern, nach Familie und Treue. Das zu wissen, erfüllt mich mit grosser Hoffnung.

Weiteres Buch vom selben Autor

Adolf Fuchs

Gottes Liebe lebt

94 Seiten, illustriert, farbiger Umschlag, 6. Auflage

«Ein wunderbares Buch von tiefem geistlichem Gehalt!» (Benediktusbote)

«In kurzen, oft erschütternden Erzählungen scheint die unergründliche, überströmende Liebe Gottes auf. Ein packendes Bekenntnis der Wunderkraft der Liebe Gottes.»
(Anzeigeblatt für die katholische Geistlichkeit)

Kanisius Verlag, Postfach 1052,
CH-1701 Freiburg, Tel. 037/24 31 28
Kanisiuswerk, Blarerstr. 18, D-78462 Konstanz

Weiteres Buch vom selben Autor

Adolf Fuchs

Wo die Liebe lebt – da ist Gott

94 Seiten, illustriert, farbiger Umschlag, 4. Auflage

«Dieses Buch, das Brücken der Liebe bauen möchte, verdient eine grosse Verbreitung. Vielleicht wählt es der eine oder andere als besinnliche Bettlektüre. Auf jeden Fall wird man es mit Gewinn lesen.»
(Wohler Anzeiger)

«Viele Kurzgeschichten aus dem eigenen Leben erzählt der Autor spannend und gekonnt.»
(Im Zeichen der Liebe)

Kanisius Verlag, Postfach 1052,
CH-1701 Freiburg, Tel. 037/24 31 28
Kanisiuswerk, Blarerstr. 18, D-78462 Konstanz

Weiteres Buch vom selben Autor

Adolf Fuchs

Werde Mensch

Der Weg zum Lebensglück
94 Seiten, illustriert, farbiger Umschlag, 2. Auflage

«Ich bin der festen Meinung, dass wir wieder zu einem Glauben kommen müssen, der nicht von Vorschriften beherrscht wird, sondern von der Liebe Gottes zu den Menschen, die zur Liebe der Menschen untereinander wird. Wir Christen dürfen der Botschaft von der Menschenfreundlichkeit Gottes nicht im Wege stehen, sondern sie in Wort und Tat verkünden und bezeugen.»
(Adolf Fuchs)

Weiteres Buch vom selben Autor

Adolf Fuchs

Stärker als der Tod ist die Liebe

Gedanken am Grab verstorbener Mitmenschen
96 Seiten, illustriert, farbiger Umschlag

Der Verfasser schreibt aus der Fülle seiner Erfahrung für Menschen, die Trost und Ermunterung in ihrem Alltag suchen.

«Ich möchte mit diesem Buch Menschen ansprechen, die durch den Tod eines lieben Angehörigen schmerzlich betroffen sind und nach einer tröstlichen Antwort suchen.»
(A. Fuchs)

Kanisius Verlag, Postfach 1052,
CH-1701 Freiburg, Tel. 037/24 31 28
Kanisiuswerk, Blarerstr. 18, D-78462 Konstanz